Ph. LEGALAIT

SOUS LA BOTTE

CRIS DE GUERRE

1914 - 1917

LILLE
IMPRIMERIE CENTRALE, 12, RUE LEPELLETIER

1923

Pourquoi, dira-t-on, avoir écrit en vers ces imprécations, ces récits tragiques, ces histoires véridiques que la poésie ne pouvait guère magnifier, ni même élever à la hauteur de véritables poèmes ?

Parce que..... l'ennemi était là. C'est, en effet, « sous la botte », sous la menace perpétuelle du soi-disant vainqueur — qui se faisait si volontiers bourreau — que l'auteur, sans prétentions littéraires, confiait au papier de secrets espoirs, de véhémentes apostrophes qui soulageaient des souffrances morales et l'aidaient à supporter la longue attente qui, sans ébranler sa confiance dans la victoire finale, lui faisait parfois craindre de ne pas vivre jusqu'au dénouement du drame. En cas de surprise, la prose eut été fatale. L'œil inquisiteur de l'Allemand devait être moins attiré par le poème, qui ressemble davantage à une fantaisie et dont la traduction est plus difficile et l'interprétation parfois moins compromettante.

C'est, néanmoins, miracle que ces petites pièces aient échappé aux multiples et minutieuses perquisitions qui ont été faites pour les découvrir quand l'auteur eut été jeté en prison. Seules, des complicités courageuses lui ont permis d'échapper à de redoutables sanctions et de sauver de la destruction ces souvenirs des heures douloureuses qu'il a fallu vivre en attendant la libération. C'est la seule considération qui légitime à ses yeux cette minuscule édition, réservée à un petit cercle d'amis qui ont, pour la plupart, partagé ses épreuves.

30 Mai 1923.

CRIS DE GUERRE

Naguère, j'écrivais des sonnets pour les femmes,
Des vers légers et vains où je parlais d'amour,
De serments éternels, de caprices, d'humour,
De baisers et de fleurs, d'ivresses et de flammes.

Ma Muse, en se jouant, complimentait les dames,
Paradait aux banquets, faisait au jour le jour
L'histoire de ce monde où l'on dit tour à tour
Des toasts ou des souhaits et des épithalames...

Hélas ! tout est changé depuis que l'ouragan
Sur l'Europe a grondé. Ma Muse, qui s'est tue
Pendant de bien longs mois, vient de reprendre haleine

Et son souffle enflammé me dicte maintenant
Des vers rudes et forts pour exalter la haine,
Afin que la Mort, ivre, à frapper s'évertue.

— ❧ —

ENVAHIS

C'est qu'une guerre atroce a désolé la France
Et qu'il n'est plus question d'amours et de grelots.
On entend le canon, on entend des sanglots,
Et tout, autour de nous, est misère et souffrance.

L'ennemi nous obsède et, malgré la vaillance
D'héroïques soldats dont le sang coule à flots
Pour nous reconquérir la paix et le repos,
C'est toujours en grand deuil que plane l'Espérance.

Mères pleurant leurs fils et veuves leurs époux ;
Glorieux mutilés, enfants cherchant leurs pères,
A Dieu les réclamant en vain dans leurs prières ;

Exilés que le feu chassa de leurs demeures,
Malheureux affamés qui vont, comptant les heures,
Tout pleure autour de nous, tout gémit comme nous.

— ✦ —

LEUR « GLOIRE » ET LEUR « IVRESSE »

Vous nous dites, amis, comptez sur la Victoire.
Mais nous avons, hélas ! la frontière entre nous
Tranchée indéfinie et repaire de loups
Que l'Ennemi creusa pour y cacher sa... « gloire »

Car il appelle ainsi le tragique déboire
Qui, comme au pilori, le cloua dans ces trous
D'où la honte, sans doute, et la peur de vos coups
L'empêchent de sortir... même pour aller boire.

C'est pour boire, pourtant, qu'ils ont surpris nos villes,
Car nous les avons vus, ces grands chefs, ces goujats,
Escalader les murs et fracturer les caves

Pour se gorger de vin, tandis que leurs soldats
Sans eux partaient au feu, pauvres brutes dociles,
Pour faire sans honneur leur dur métier d'esclaves.

SANS HONNEUR

Sans honneur ! C'est le cas de le crier bien fort,
Car, le glaive tiré, l'on pouvait, face à face,
Se défier, se joindre et mêler de l'audace
Au combat sans merci, à la vie à la mort.

Mais leur Maître a trouvé, pour être le plus fort,
Qu'un rôle de bourreau convenait à sa race.
Il a voilé de gris le casque, la cuirasse,
Arraché les galons, terni les boutons d'or ;

Puis, quand tout fut bien prêt, pour écraser la France,
Au lieu de s'avancer sur nous le sabre haut,
Il choisit, comme un lâche, un chemin détourné,

Attaqua sans pudeur un peuple sans défense,
Brûla, pilla, vola, puis, au nom du Très-Haut,
Se proclama vainqueur d'un peuple exterminé.

L'HÉROÏQUE BELGIQUE

Exterminé ! Non pas. L'héroïque Belgique
A défaut de soldats, de canons et de forts,
Avait des hommes fiers et capables d'efforts
Qu'on ne soupçonnait pas. La lutte fut tragique.

Au Teuton qui tuait, l'on donna la réplique…
Il lui fallut du temps pour enterrer ses morts ;
Cela servit la France et l'on put dire alors
Qu'un petit Roi sauvait la Grande République.

Et ce Roi, maintenant, planera dans l'Histoire,
Car il n'hésita pas à relever l'affront
Qu'on faisait à son peuple, à sa belle patrie.

Au parjure, il a fait payer cher sa victoire
Et, tandis que la Reine attend, console et prie,
Il est, avec son fils, demeuré sur le front.

LE RÉVEIL DE LA FRANCE

Et toi, France, qui fus surprise et envahie
Par ces soldats maudits sans pudeur et sans loi,
Tu retrouvas bientôt la vaillance et la foi.
Si la Fortune, hélas ! t'a tout d'abord trahie,

C'est que dans le bonheur tu t'étais endormie.
Tu recevais ces gens ; ils espionnaient chez toi ;
Tu les laissais passer sans crainte, sans émoi ;
D'aucun peuple ici-bas tu n'étais l'ennemie.

Si parfois tu parlais de lutte et de revanche,
C'est que d'une blessure ancienne tu souffrais
Et que le sang gaulois coule encor dans tes veines ;

Mais un glaive trop lourd pesait à ta main blanche
Et de tous tes réveils l'esprit faisait les frais...
Il fallut le canon pour ranimer tes haines.

LA MOBILISATION

Tes ennemis, ô France, avaient osé prédire
Qu'à ton appel tes fils ne se rallieraient pas ;
Qu'on verrait la discorde au sein de tes soldats...
Ces lâches escomptaient, dans un honteux délire,

Qu'à peine nous aurions le temps de les maudire
Et qu'à Paris, déjà, retentiraient leurs pas.
Les sinistres Teutons, sans souci des trépas,
S'apprêtaient à chanter, à bien boire et à rire.

Mais quand vint à sonner l'heure sombre et tragique,
— Au livre du Destin, hélas ! c'était écrit —
Tous les Français debout unirent leurs transports.

Alertes dans les camps, branle-bas dans les ports.
De Marseille à Dunkerque, un seul cœur, un seul cri :
Aux armes ! En avant ! Vive la République !

LA MARNE

Comme les ouragans courbent le front des chênes,
La tempête de fer d'innombrables canons
Fit d'abord osciller nos vaillants bataillons,
Semant le sang, la mort sur nos fertiles plaines.

Ils avaient pour nous vaincre amassé tant de haines,
Tant de poudre et d'acier et tant de millions
De soldats asservis, lancé tant d'escadrons,
Que le choc fut terrible et nos ripostes vaines.

Mais quand, après le flanc, ils visèrent le cœur,
Sous les murs de Paris, on vit l'âme française
Reprendre son essor et d'un suprême élan

Depuis Meaux jusqu'à Reims pourchasser le uhlan.
Et maintenant, terrés dans le roc ou la glaise,
Ou cachés dans les bois, de la France ils ont peur.

SON PORTRAIT

L'homme ne compte pas. Des éperons, des bottes,
Un casque avec un aigle, et des rubans, des croix ;
Un grand sabre au côté, des tuniques au choix,
Voilà tout le « héros », l'idéal des despotes.

A cet âge incertain des premières culottes,
On lui mettait déjà l'uniforme des rois
Et, fier, il paradait sur un cheval de bois
Au milieu des canons, des fusils, ses marottes.

Quand la barbe lui vint, il dressa sa moustache,
Prit des airs arrogants, congédia Bismark,
Se crut l'égal de Dieu et cultiva.... le mark.

Rien de bon, rien de grand au cœur de ce bravache,
Traître, hypocrite et faux comme un caméléon,
Aussi loin de Jésus que de Napoléon.

LEUR MENSONGE

La guerre est un fléau que nul autre n'égale !
Et c'est un homme, un seul, qui par sa volonté
La déchaîna soudain... par une lâcheté.
La France était pour lui supplice de Tantale,

Et, pour la violer, il se refit Vandale.
A son peuple jaloux de notre liberté,
Il osa dire que nous avions souhaité
Abaisser à jamais l'Allemagne rivale.

Par ce mensonge infâme, il put, cet empereur,
Engager une lutte où l'enjeu formidable
Etait l'âme d'un peuple et plus encor : l'honneur.

Cet honneur, c'est le nôtre, un honneur véritable.
Il ne le connaît pas ; pour lui, c'est un vain mot
Et c'est, au prix du sang, notre argent qu'il lui faut.

LEUR DÉLOYAUTÉ

Craignant notre bravoure et voulant, en un mot,
Etre plus traître encor que le fut son grand-père,
Guillaume, avec François son sénile compère,
Prépara son forfait comme on trame un complot.

Pour nous mettre à l'abri d'un formidable assaut,
Nous avions fait à l'est des forts sur la frontière,
Et c'est là que devaient, au premier cri de guerre,
S'unir nos régiments pour marcher le front haut.

Pourtant, quand le 4 août sonna le ban d'alarme,
Tandis que nos soldats, à Verdun, à Belfort,
Loyalement couraient pour un suprême effort,

Le Teuton déloyal utilisa son arme
Contre un « neutre » lié par des traités sacrés
Et sema son chemin de Belges massacrés.

LACHE ÉPOPÉE

Nous avions su donner plus que des milliards
Pour conserver la paix : l'Alsace, la Lorraine,
Puis de notre Congo, sur la rive lointaine,
Abandonné pour eux la meilleure des parts.

Mais la cupidité de ce roi des soudards
N'était pas satisfaite. Il voulait, dans sa haine,
Nous infliger les fers, et pour river la chaîne
Il arma tout un peuple : hommes, enfants, vieillards.

Pourtant, cet empereur ne tire pas l'épée.
Il n'est pas à l'avant et n'a rien d'un grand chef.
Tandis que ses soldats meurent sous les mitrailles,

Il parade... à Berlin et dicte d'un ton bref
Les bulletins menteurs de sa lâche épopée
Et c'est comme un corbeau qu'il assiste aux batailles.

LA REVANCHE ET LA HAINE

Je ne suis pas de ceux qui prônaient la revanche,
Je redoutais la guerre, hélas ! et — j'en rougis —
Je plaidais pour la paix, comme les assagis
Que le temps a blessés et dont la tête est blanche.

Je ne suis pas de ceux qui, le poing sur la hanche,
Provoquent l'adversaire et veulent à tout prix
Le vaincre par... des mots, des discours, du mépris.
D'innombrables Teutons, je craignais l'avalanche.

Ils sont venus chez moi pour me voler... du vin.
Ils revenaient battus des plaines de Champagne,
Et c'est pour boire encor qu'ils pillaient nos maisons,

Qu'ils foulaient sans pitié tous nos beaux champs de lin,
Abattaient nos clochers, récoltaient nos moissons...
Et c'est pourquoi j'exècre et je hais l'Allemagne.

PRONOSTIC

Oui, je hais l'Allemand ! Mais j'aime l'Angleterre.
Je lui reproche le martyre d'un héros ;
Mais ce crime passé comptera pour zéro
A côté de celui que Guillaume sur terre

A commis en mentant pour déchaîner la guerre.
Sur ce monstre vivant, je veux crier : Haro !
Pour vaincre la Belgique et... le Monténégro,
Il a fait de l'Europe un vaste cimetière ;

Il a démoli Ypre, il a brûlé Louvain
Et d'Arras à Verdun les débris qu'il amasse
Pèseront sur son front comme un fatal fardeau.

Nous sommes des vaillants ; mais l'Anglais est tenace ;
Il ne permettra pas que notre effort soit vain,
Et Guillaume, l'infâme, aura son Waterloo.

LEUR FAUSSETÉ

Il n'est rien de plus faux que le peuple allemand.
Quand il veut être honnête, il subit la « culture »
Qui fait de sa patrie un pays d'imposture,
Il n'a rien de loyal ; il trompe, il vole, il ment.

On ment aussi chez nous — et même effrontément —
Mais le menteur sait bien qu'il est contre nature,
Que mentir est un crime autant que le parjure,
Tandis que le Teuton ment... par tempérament.

Nous l'avons vu voler les bijoux et les meubles,
Le linge, les tapis, les glaces, les tableaux,
Déménager les lits, les machines à coudre....

Et le cambrioleur jure dans ses journaux
Qu'il est le protecteur des cités, des immeubles
Et que c'est à regret qu'il fait parler la poudre.

— ✚ —

LA PRESSE INFÂME

Pour abattre nos cœurs et pour tromper le monde,
Ils ont créé chez nous des journaux dits « français »
Où l'hypocrisie ose exalter des succès
Faits de ruse, d'astuce et de traîtrise immonde.

Ils ont, pour imposer cette indigne faconde,
Publié tant de noms de morts et de blessés,
Même de prisonniers, que nous sommes forcés
— J'ose dire forcés — de tout lire à la ronde.

Car nous avons nos fils, nos frères au danger ;
Ils ont au champ d'honneur fait face à l'Etranger
Et la cruelle loi des vainqueurs... éphémères

Veut nous vendre l'espoir de deviner leurs sorts.
Et c'est pour renseigner veuves, enfants et mères,
Qu'anxieux nous trions : vivants, blessés et morts.

VIL MARCHÉ

Guillaume aurait voulu, pour se laver d'un crime,
Payer deniers comptants le droit de traverser
La Belgique, pour nous surprendre et nous briser,
Pensant que sur l'honneur l'or pourrait faire prime.

Il ne comprenait pas que c'est l'affront ultime
Qu'offrir un tel marché, puis d'oser supposer
Qu'un Judas lâche et vil aurait pu l'imposer
Au Belge brave et fier qui prise tant l'estime.

Et le monstre, aujourd'hui, n'a pas encor compris
Le dégoût qu'il inspire et la honte qu'il sème
En mêlant tout son peuple à cette trahison.

Le vol, ni l'incendie et l'assassinat même
N'auraient su motiver le souverain mépris
Qui souille pour jamais sa race et son blason.

VERS L'EFFONDREMENT

Si l'orgueil du Teuton le maintient sur le front
Et l'incite à prétendre encore à la victoire ;
Si son entêtement à chercher de la gloire
L'attache à notre sol, les pieds dans le limon ;

S'il s'étourdit encore au bruit de son canon,
Malgré la Mort qui plane autour de l'aigle noire,
C'est que l'illusion obscurcit sa mémoire
Et c'est que de l'abîme il ne voit pas le fond.

Il ne conviendra pas qu'il n'a vaincu personne
Et que tous nos reculs lui coûtent plus de sang
Que de brillants combats et d'heureuses batailles.

Mais le Temps est pour nous et chaque heure qui sonne
Annonce, ainsi qu'un glas, à l'Empire impuissant
L'effondrement final, l'ère des représailles.

VAINES MENACES

Quand nous parlons de vaincre, ils lèvent les épaules,
Accueillent nos espoirs par des ricanements
Et répondent que nous deviendrons Allemands.
Dieu ne permettra pas d'intervertir les rôles ;

Il gardera l'honneur aux nobles fils des Gaules
Et le parjure aura les pires châtiments :
La honte, la défaite et les démembrements.
Alors, sur les tombeaux, nous planterons des saules ;

Le marbre et le granit couvriront nos héros
Et sur leurs fronts glacés des couronnes de lierre
Rappelleront leur gloire et leur fidélité...

Et quand nous reverrons des hommes aux yeux clos,
Des braves mutilés, saluant jusqu'à terre,
Nous leur dirons « merci » pour notre liberté.

LES CLOCHES

Depuis près de deux ans, dans le vieux clocher gris,
Le carillon se tait, les cloches sont muettes.
Plus de glas pour les morts, de branle pour les fêtes ;
Angelus et tocsin sont eux-mêmes proscrits.

Vous qui portiez naguère aux cœurs endoloris
L'écho de la prière, égrenant sur nos têtes
Vos tintements pieux, à l'heure des tempêtes
N'entendez-vous donc plus nos plaintes et nos cris ?

C'est que pour l'ennemi vous êtes des otages,
Car il a peur de vous qui doublez ses remords
Bien plus que du canon et du fracas des bombes...

Mais quand viendra la Paix, après tant de carnages,
Vous nous appellerez pour honorer les morts,
Consoler les vivants et prier sur les tombes.

LE CHÂTIMENT

Si Dieu nous permettait de châtier l'infâme,
On le prendrait vivant pour le faire souffrir.
Il a fait tant de mal, il a tant fait mourir,
Que son corps doit payer les forfaits de son âme.

Oui, le fer et le feu, le scalpel et la flamme,
Devraient sur ce maudit cruellement s'unir
Pour venger nos enfants et pour le mieux punir
Avant que son trépas marque la fin du drame.

De ses meilleurs soldats, il fit des hécatombes,
Couvrant l'Europe en pleurs de tertres et de tombes,
Pour soutenir son trône et flatter son orgueil.

Il faudrait à ce monstre inoculer la rage
Et puis l'emprisonner dans une étroite cage
Pour l'enfouir debout, vivant, dans ce cercueil.

LA MORT DU SOLDAT

Pauvre petit soldat, je te vois dans la nuit,
Rigide sur le sol, un trou noir à la tempe,
Au coin de l'œil ouvert une larme qui luit
Et dans le sang figé la moustache qui trempe.

La mort est déjà loin. Dans le cœur, aucun bruit ;
Les membres sont glacés, plus d'huile dans la lampe.
Là-bas, sur le coteau, le régiment qui campe
Après l'appel du soir pleure déjà sur lui.

Le sinistre corbeau, bientôt, à tire d'aile,
Volera vers le Nord et la brune hirondelle
Reviendra vers le nid sous le chaume enfoui ;

Mais toi, pauvre martyr, du limon qui t'oppresse
Tu ne reviendras plus..... Amour, bonté, jeunesse,
Espoir de nos vieux ans... tout est évanoui !

LA PRISE DE LILLE

Deux Teutons en auto s'emparèrent de Lille...
La place était ouverte et ne résistait pas.
Silence dans les forts : ni canons, ni soldats.
Sans doute un peu surpris de ce succès facile,

Les Allemands bientôt désertèrent la ville.
— La France allait peut-être, après d'heureux combats,
Repousser l'ennemi. On le disait tout bas. —
Hélas ! un peu plus tard, ils revinrent... vingt mille.

Lille restait ouverte et pourtant, par hasard,
Un de nos bataillons campait près du rempart.
Le flot envahisseur éprouva sa vaillance.

Et c'est ce seul exploit, légitime défense,
Qui servit de prétexte au barbare Allemand
Pour punir la cité... par un bombardement.

BOMBARDEMENT DE LILLE

Nous entendions d'ici le fracas des mortiers,
L'effondrement des murs, le sifflement des bombes,
Et, le cœur ulcéré, songions aux hécatombes
Que ferait la mitraille au sein des vieux quartiers.

Ce supplice dura, hélas ! des jours entiers.
O vaillante cité, sous leurs coups tu succombes
Et c'est sans te défendre, aujourd'hui, que tu tombes.
Les lâches Allemands tirent sur tes pompiers.

Quand cessent les obus, ils vont de porte en porte
Pour attiser le feu, car ce qui leur importe,
C'est d'annoncer demain qu'ils t'ont prise... d'assaut.

Oui, demain on lira dans leur menteuse presse
Que de Lille ils ont pris la grande forteresse,
Car c'est, faute de mieux, ce succès qu'il leur faut.

SES CRIMES

Guillaume avait menti pour préparer son crime ;
Puis il s'est parjuré, reniant le traité
Qui vouait la Belgique à la neutralité.
Il fut lâche en brisant l'héroïque victime,

Voleur en l'accablant sous une lourde dîme,
Vil en offrant de l'or contre sa loyauté
Et traître en l'accusant d'avoir prémédité
Le conflit qui la mit sur le bord de l'abîme.

Sans honte, après avoir brûlé des cathédrales,
Mis à mort des civils, ricané de leurs râles,
Il ose maintenant parler de ses…. bienfaits,

Et pour mettre le comble au comble des forfaits,
Atteindre au premier rang parmi les plus infâmes,
Il charme ses loisirs en fusillant…. des femmes.

RIPAILLES ET BATAILLES

Leurs Zeppelins en l'air, leurs sous-marins sous l'eau ;
Leurs soldats dans la terre à l'abri des mitrailles,
Leurs officiers... plus loin, occupés de ripailles,
Ivres-morts bien souvent.... Que tout cela est beau !

Ils peuvent être fiers du système nouveau
Qui permet à la fois de livrer des batailles
Contre son adversaire et contre les futailles
En descendant plus bas ou s'élevant plus haut.

Soldats de l'autre siècle, ombres de nos ancêtres,
Vous qui n'aviez pas peur de leur montrer vos guêtres,
Vos grands bonnets à poil et vos canons d'airain,

Comment les trouvez-vous, ces guerriers d'outre-Rhin ?
Ils meurent, oui, c'est vrai ; mais mourir dans la fange !
Vous n'auriez pas voulu, pour ça, qu'on vous dérange !

VAINS EFFORTS, VAINS ASSAUTS

Devant nous, chaque jour, leur flot passe et repasse...
Naguère, tous les chefs paradaient en autos ;
Maintenant, ô pitié ! ce sont nos vieux chevaux,
Nos vieux cabriolets, qui trainent, tête basse,

Les sinistres Teutons qui de notre cuirasse
Ont si longtemps, sans honte, exploré les défauts.
A Ypre, Arras et Reims, vains efforts, vains assauts,
Car notre bouclier, c'est toute notre race.

Ils ont, pour assurer le succès d'un emprunt,
Fait massacrer les leurs sous les murs de Verdun.
L'argent, pour eux, c'est tout. C'était leur but de guerre.

Laissons leur donc le mark, la choucroute et la bière ;
Mais il faut les chasser sur l'autre bord du Rhin,
Pour que de nos enfants l'avenir soit serein.

11 Avril 1916.

LEURS SOUS-MARINS

Nous avions inventé le sous-marin perfide
Qui, dans le sein de l'onde à l'aise évoluant,
Touche le cuirassé pour le mettre à néant.
L'Allemand en a fait un engin homicide

Qui, sans lutte et sans risque, à son seul gré décide
Du sort du voyageur. Et la femme, et l'enfant,
Que sur le paquebot personne ne défend,
Succombent sous les coups du barbare stupide.

Ce monstre ne voit pas la moindre différence
Entre l'assassinat et le combat loyal.
Le bourreau, pour tuer, attend une sentence,

Tandis que le Teuton, par son acte brutal,
Immole par milliers d'innocentes victimes
Et mesure sa gloire au nombre de ses crimes.

UN TRAÎTRE

Je l'ai cent fois maudit le nom qui sert de masque
Au pseudo-Belge qui, très hypocritement,
Distille chaque jour le fiel de l'Allemand
En une infâme prose aussi vile que flasque.

Ce nom de scélérat doit nous cacher le casque
Avec l'aigle de Prusse et le harnachement
De l'âne mal bâté qui trahit, bave, ment,
Compile, travestit, sans même être fantasque.

Son journal, cet ignoble et lâche « Bruxellois »,
Ne connaît de l'honneur ni le nom, ni les lois…
Mais, j'y songe, les Salm sont des gens d'Allemagne.

C'est un titre déjà pour mériter le bagne ;
Et comme son prénom laisse voir qu'il se vend,
On devine un blason : Dos vert, ventre d'argent.

SERMENT

Je jure que jamais, si longtemps que je vive,
Un Allemand chez moi ne mettra plus les pieds.
Je saurai déjouer ses ruses et ses biais
Et je serai toujours, pour lui, sur le qui-vive.

Oui, même dans la Paix, je veux, quoi qu'il arrive,
Lui barrer le chemin au nom des estropiés,
Des aveugles, des morts, de tous les os sciés
Et des moignons sanglants taillés dans la chair vive.

Après tous ses forfaits et sa conduite atroce,
Je lui voue à jamais une haine féroce ;
Et je pourrais souffrir les affres de la faim

Sans accepter, de lui, même un morceau de pain.
Et s'il voulait franchir le seuil de ma demeure,
Il faudrait qu'il me frappe et qu'avant lui je meure.

22 Avril 1916.

GUILLAUME « OFFRE » LA PAIX

O morts ! Que diriez-vous si nous allions demain
Solliciter la paix avant que l'on vous venge ;
Si nous laissions sortir l'ennemi de la fange
Pour lui demander grâce et lui tendre la main ?

Glorieux mutilés ! Que diriez-vous soudain
Si de notre drapeau nous abaissions la frange
Jusqu'à baiser les pieds de ce vainqueur étrange
Qui n'a pas su briser votre rempart d'airain ?

Et vous, que diriez-vous, campagnards vénérables,
Dont on a pris les biens et brûlé les étables,
Quand vos fils au combat pour nous versaient leur sang,

Si nous poussions le cri du lutteur impuissant
Alors que nos soldats, debout, pleins de vaillance,
Ne désespèrent pas du salut de la France ?

HAÏR NE SUFFIT PLUS

Haïr ne suffit plus. Il faut qu'on les méprise.
Ils ont, là, sous nos yeux, vidé des ateliers
Pour en faire... un théâtre ! emporté les métiers
Et volé — oui volé — les chaises de l'église.

Les prie-Dieu de velours et ceux de paille bise
Servent à ces bandits pour leurs ébats grossiers,
Car pour garder encor des visages altiers
Il faut que, bien assis, de chansons on les grise.

Obliger les vieillards à se tenir debout
Dans la maison de Dieu et les femmes, surtout,
A meurtrir leurs genoux sur les dalles de pierre !

Quel rôle édifiant pour des hommes de guerre !
Mais, fiers de leur « culture », ils ne comprennent pas
Que jamais dans le vil on n'est allé plus bas.

LASSITUDE

A force d'incliner mes regards vers la terre,
Je ne sais plus, hélas ! me tenir le front haut.
De la captivité, le trop pesant fardeau
A fléchi mon épaule et quand mon poing se serre,

C'est de rage impuissante ou de vaine colère.
Le soleil peut briller, le ciel peut être beau,
Ni le parfum des fleurs, ni les frissons de l'eau
N'apportent à mon cœur le réveil salutaire.

A porter dans l'exil le deuil de la Patrie,
Mes nerfs se sont usés, mon âme s'est meurtrie.
Le fracas du canon met parfois dans mes yeux

Que les pleurs ont ternis un éclair d'espérance ;
Mais l'épreuve est trop dure et je me sens si vieux
Que la lueur s'éteint dès que vient le silence.

L'ATTENTE

En arriverons-nous à compter les années
Après avoir compté les semaines d'abord,
Puis les mois, les longs mois de nos hivers du Nord ?
Ne verrons-nous jamais reculer les armées

Que nos fils ont en vain tant de fois décimées ?
Attendrons-nous ici la famine et la mort
Sans que nos chers soldats, par un suprême effort,
Arrivent à rouvrir nos frontières fermées ?

Pour nous que l'âge, hélas ! condamne à l'impuissance,
Il n'est plus de réveil sans larmes, sans souffrance.
Quand le soleil paraît au lointain horizon

Et s'efforce à mûrir notre maigre moisson,
Nous pleurons de la voir par l'ennemi fauchée,
Comme il fauche nos fils courbés dans la tranchée.

POUR LA VICTOIRE

Du canon, nuit et jour, nous entendons la voix,
Tantôt lointaine et grave et tantôt brève et drue.
Quand parfois il se tait, notre attente est déçue,
Car sans lui, notre espoir, nous sommes aux abois.

Même ceux qui, tremblants, font le signe de croix
Quand la foudre du ciel éclate dans la nue,
Attendent sans effroi la mitraille qui tue,
Car elle doit nous rendre amis, patrie et droits.

Oui, nos cœurs anxieux appellent la bataille
Qui seule peut briser la vivante muraille
Qui se dresse insolente entre la France et nous ;

Et quand, pour prier Dieu, nous tombons à genoux,
C'est pour lui demander, pour nos soldats, la gloire
Et pour notre pays, l'éclatante victoire.

A FRANÇOIS-JOSEPH

Si l'âme est immortelle — et je le crois sans peine —
La tienne en s'évadant de ton corps aux abois
A dû trouver là-bas, auprès du Dieu des Rois,
La palme du cynisme et le prix de la haine,

Car tu t'associas à la rage inhumaine
Du tyran qui voulait asservir à ses lois
Des peuples grands et fiers et jaloux de leurs droits
Et qui fit de l'Europe une sanglante plaine.

Si de Napoléon tu vois l'ombre géante,
Tu pourras comparer ta honte à sa grandeur ;
Et si tu vois aussi l'âme noble du Dante,

Tu lui demanderas de chanter ta douleur
Et de choisir pour toi le genre de torture
Qu'il a, dans son Enfer, rêvé pour l'imposture.

FAMINE

Leurs soldats nous ont dit : la guerre finira
Quand nos chefs n'auront plus de quoi faire la fête ;
La fin des casinos marquera la défaite
Et nous nous en irons quand le vin manquera.

Bordeaux, bourgogne, alcool, champagne et cœtera,
En hâte, ils ont tout bu pour faire place nette
Dans nos caves, nos chais, en trouvant bien honnête
De nous laisser de l'eau, sans peur du choléra.

Mais la revanche vient : les vivres font défaut,
Car nous voyons les chefs manger à la gamelle
Un brouet révoltant, digne de la poubelle ;

Et pour faire la fête, à présent, il ne faut
Ni soupers, ni banquets, ni sorbets, ni brioches :
Des salves, des drapeaux, des branle-bas de cloches.

13 Décembre 1916.

ON PARLE DE LA PAIX

Tu demandes la paix parce que de la guerre
Tu comprends maintenant l'effroyable destin.
Ton geste de vainqueur daignant tendre la main
N'est pour nous qu'un aveu : celui de ta misère.

Ton peuple est épuisé ; la Famine l'enserre
De ses bras décharnés ; il a froid, il a faim
Et de cette détresse il murmure, il se plaint...
Tu sens monter vers toi sa haine et sa colère.

La honte est à ta porte et la frayeur te glace ;
Mais comme tu voudrais garder quelque grandeur,
C'est en bavant sur nous que tu demandes grâce.

Nous ne t'entendrons pas. Nous tenons à l'Honneur
Et tu n'auras la Paix que si tu nous le donnes,
Car cet honneur, pour nous, vaut mieux que tous les
[trônes.

Décembre 1916.

BONAPARTE ET LA PAIX

Bonaparte, en l'an cinq, offrit aussi la Paix,
Mais sans humilier son royal adversaire.
Celui-là savait faire honnêtement la guerre.
Il vivait sous la tente et non dans un palais,

Au milieu du confort, du luxe et des laquais.
Notre France, de lui, pouvait bien être fière,
Car son glaive invincible aurait dompté la terre
Et devant la mitraille il ne tremblait jamais.

Il n'était point lassé de stériles victoires ;
Cependant il disait qu'il serait plus joyeux
D'épargner un soldat que de toutes les gloires

Qu'il pourrait moissonner en des combats heureux,
Car, vainqueur, il savait que la force des armes
N'exclut pas les revers, les remords et les larmes.

23 Décembre 1916.

LA RÉPONSE A L'OFFRE DE PAIX

As-tu bien entendu, Teuton, notre réplique ?
Elle est noble, elle est claire et c'est comme un soufflet
Qui te frappe au visage et, sans chercher l'effet,
Te cloue au pilori comme un bandit cynique.

Un tzar puissant, trois Rois et notre République
Disent à l'Univers que ton Maître a forfait
A l'honneur et que s'il nous propose la paix,
C'est encor pour tromper l'opinion publique.

La France, sache-le, n'aurait jamais admis
Qu'après un pareil geste il pût t'être permis
De mettre en la balance où pèse la Justice

Le mensonge et le vol, la ruse et l'artifice.
La Paix ne peut venir, pour le peuple allemand,
Qu'après l'aveu du crime, après le châtiment.

5 janvier 1917.

NOEL !

Le Dieu que nous fêtons en ce jour solennel
Nous avait dit de nous aimer les uns les autres,
Et la Haine est partout, même au cœur des apôtres
Qui clament maintenant : Noël ! Noël ! Noël !

Par la faute d'un homme, empereur criminel,
Nous avons vu tomber des millions des nôtres.
La mort ! Toujours la mort. Dans le sang tu te vautres,
Humanité cruelle, ignorante Babel.

Voici les mutilés — ceux que nous reverrons —
Les aveugles sont là, toujours dans les ténèbres...
Mais les morts ? Où sont-ils tous ceux que nous pleu-
[rons ?

Comptez, des orphelins, les cortèges funèbres.
L'agresseur est debout, mais défaille, impuissant,
Et pour fêter Noël, il veut encor... du sang.

24 Décembre 1916.

PROPHÉTIE

L'orgueil qui l'a conduit à l'ultime folie
D'armer tout son pays pour lutter contre nous.
Aura son châtiment et déjà, sous nos coups,
L'agresseur insolent frémit, chancelle et plie.

Sa coupe, d'amertume est maintenant remplie ;
Il tremble pour son trône et si notre courroux
Ne veut pas faire grâce, il ploiera les genoux
Pour le Russe, l'Anglais, la France et l'Italie.

Il n'aura le pardon des Belges et des Serbes
Que si, par sa faiblesse, il devient leur égal ;
Il verra démonter ses escadrons superbes

Pour rendre au paysan son bien-aimé cheval,
Et ses canons d'acier deviendront des machines
Pour labourer nos champs, ranimer nos usines.

10 Janvier 1917.

A GUILLAUME II

O Prince, ton renom dominera l'Histoire :
Tu seras le plus grand parmi les criminels.
Les fautes de Néron sont péchés véniels
Auprès de tes forfaits, et ce qui fit ta gloire

Souillera pour toujours ta race et ta mémoire.
Tes mots grandiloquents, tes serments solennels,
Sont voués désormais aux mépris éternels
Car ton indignité, pour le Monde, est notoire.

Casques étincelants et manteaux écarlates
Ne pourront plus cacher les monstrueux stigmates
De la honte et du sang. Pour tous tu resteras

L'Empereur des bandits, le dieu des scélérats,
Et l'odeur des charniers de Verdun, de la Somme,
Te suivra jusqu'au bout comme l'ombre suit l'homme.

POUR L'OR

Sur le marché de l'or, vous avez, ô Princesse !
Apporté vos écrins, liquidé vos bijoux....
Et vous me demandez de faire comme vous.
Mais vous avez gardé toute votre richesse,

De quoi plaire à la Cour, vous parer pour la messe.
Moi, j'ai déjà donné... trois fils et mon époux ;
Ils sont restés là-bas, sous les grands arbres roux,
Et l'Automne sur eux effeuille sa détresse...

Le pain manque chez moi ; j'ai vendu mon manteau,
Mais je veux conserver la bague de ma mère,
Le bracelet que Fritz m'offrit avant la guerre

Et l'anneau nuptial qu'on emporte au tombeau.
La bague, c'est mon sang, mon sang de pauvre femme,
Le bracelet, mon cœur ; l'alliance, mon âme.

JOUR DE L'AN

Le monde entier prenait naguère un air de fête
Quand le premier de l'an, sur les ailes du Temps,
Nous apportait l'espoir, les vœux et les serments
De ceux que nous aimons, et le cœur et la tête

S'emplissaient de tendresse. Aujourd'hui, la tempête
Seule souffle sur nous. Sa voix et ses accents
Sont plus forts que jamais, aussi plus menaçants....
C'est pour lutter encor que partout l'on s'apprête.

O Monde ! Qu'as-tu fait pour que ce soit la Mort
Qui plane désormais de la cîme à la plaine
Et pour que les souhaits soient des serments de haine;

Pour que les nerfs, tendus par un suprême effort,
N'aspirent qu'à tuer, qu'à briser, qu'à détruire,
Quand le soleil, pour tous, ne demande qu'à luire ?

O MONDE, QU'AS-TU FAIT ?

Ce que j'ai fait ? Grand Dieu ! c'est toi qui le demandes,
Toi dont le cher foyer fut profané cent fois,
Toi dont le patrimoine a fondu dans leurs doigts,
Toi qu'ils ont accablé de dîmes et d'amendes.

N'as-tu pas vu passer leurs monstrueuses bandes
Dévastant nos beaux champs, abattant les grands bois,
Semant partout la haine et le deuil à la fois,
De notre beau pays faisant d'incultes landes ?

Si tu as entendu la voix de leur canon,
Si l'écho t'a redit les clameurs des batailles,
Les plaintes des mourants fauchés par leurs mitrailles,

Tu dois savoir pourquoi la France répond : Non,
Quand, trop lassés pour vaincre, ils osent dire encore
Que c'est pour voir la paix qu'ils attendent l'aurore,

LE DESTIN

Accepterais-tu donc d'être banni, proscrit
Et séparé des tiens, chassé de ta demeure ;
Que la France agonise et que même elle meure
Sous les coups des bandits parce que... c'est écrit ?

Le Destin, crois-le bien n'est pas ce qu'on le dit :
Un aveugle qui marche et qui vient à son heure
Frapper à notre porte, ordonnant : rit ou pleure,
Sous l'œil indifférent d'un Maître en interdit.

S'il est aveugle et sourd, il faut bien qu'on le guide ;
Il faut aussi qu'on l'aide à faire son chemin
Et non pas seulement en lui tendant la main.

Quand le coursier se cabre, il faut tenir la bride ;
S'il se révolte encore, il faut le maîtriser,
Le dompter ou l'abattre, au besoin le briser.

LE FORGERON

L'Allemagne ressemble au forgeron puissant
Qui d'un bras vigoureux bat le fer sur l'enclume
Après l'avoir chauffé dans un brasier qui fume
Et voudrait le souder quand le rouge est naissant.

Mais le métal résiste et l'homme, s'épuisant,
A la sueur au front, à la bouche l'écume.
Il n'a pas mesuré la tâche qu'il assume
Et sa main lâchera le marteau trop pesant.

Or, l'enclume, c'est nous ; elle est dure et trempée.
Les coups qu'elle a reçus, nous les effacerons ;
Nous ne permettrons plus qu'on y forge une épée

Et des tronçons épars que nous reforgerons
Nous ferons un lingot pur de tout alliage
Qui sera de la Paix l'indestructible gage.

2 Janvier 1917.

LA FÊTE DES MORTS

Nous prions pour les morts. Mais pour qui prions-nous?
Combien s'en sont allés vers les nuits éternelles
Depuis plus de deux ans que, privés de nouvelles,
Nous ignorons le sort des fils et des époux ?

Le Temps, seul, nous fauchait naguère et son courroux
Epargnait les vaillants, les forts, et si son aile
Semblait briser la vie au hasard de son zèle,
Il retenait sa faulx, il ménageait ses coups.

Nous gémissions alors chaque fois que son arme
Abattait froidement des justes et des bons,
Et nous le maudissions quand il rendait à Dieu

Ceux qui nous étaient chers… Maintenant, nous frap-
[pons
Des coups plus meurtriers, à toute heure, en tout lieu,
Et les morts, en partant, n'ont pas même une larme.

1er Novembre 1916.

UN DÉPART

Nous regardons partir les otages nouveaux :
Ce sont nos jeunes gens qu'un roi, dans sa colère,
Entraîne par la force, arrachant à la mère
Le fils qui l'assistait dans ses rudes travaux,

A la femme, l'époux qui partageait ses maux.
Enfants de France, allez sur la terre étrangère.
Allez et espérez. Quand finira la guerre,
Les victimes pourront châtier leurs bourreaux.

La loi, nous disent-ils, permet ce sacrilège,
Car ils mentent encore — ils ont toujours menti —;
Mais le roc, bien souvent, se durcit sous la neige

Et le manque de dents n'exclut pas l'appétit.
Si, pour vous délivrer, il faut des vétérans,
Nous serons là, les vieux, malgré nos cheveux blancs.

AU CAPITAINE B...

Tu m'as bravé chez moi, la cravache à la main,
Car tu savais, bandit, que je n'avais pas d'armes ;
Tu n'a pas eu pitié des sanglots et des larmes
Des femmes qui pleuraient sur mon triste destin.

Tes sbires m'ont conduit dans le réduit malsain
Qui te sert de prison, tandis que tes gendarmes
Profanaient mon foyer. Et pour que tu désarmes,
Il a fallu payer. De l'or... pour ton venin !

Cet or, tu l'as volé. La honte est dans ton sang,
Car tu prenais le pain du pauvre et de l'enfant ;
Tu frappais sans émoi riches et misérables ;

Tu pillais les maisons, tu vidais les étables,
Et, crime encor plus grand, ô comble des affronts !
Tu voulais devant toi faire incliner nos fronts.

HARMONIE

Fille de la douleur ! Tu l'as dit, ô Musset,
Mais je ne l'ai jamais mieux compris qu'à cette heure
Où la Musique, hélas ! endeuille ma demeure
Et verse l'amertume en mon cœur angoissé.

Depuis que sur nos fronts le malheur a passé,
Le piano muet restait là comme un leurre,
Privé de son clavier. C'est un ami qu'on pleure,
Mais non sans espérance.... On peut le remplacer.

Or, ils m'ont imposé de lui rendre la vie
Et moi-même j'ai dû, sous leurs yeux, ranimer
L'instrument qui jadis était le bien-aimé

Et qui va de la haine encore inassouvie
Réveiller les échos, aviver les douleurs
Et nous gonfler le cœur de sanglots et de pleurs.

RÊVERIE MUSICALE

O miracle ! J'ai vu son uniforme gris ;
C'est un soldat qui n'est ni barde, ni félibre,
Ni poète sans doute, et qui de sa main libre
Va tirer de mon luth des accents incompris.

Déjà montaient les pleurs en mes yeux assombris,
Quand soudain les soupirs de la harpe qui vibre
Font résonner en moi je ne sais quelle fibre...
J'écoute, sous le charme, anxieux et surpris...

Et j'ai l'illusion, à travers la muraille,
De voir, au lieu du blond teuton de Magdebourg,
Un Français mince et brun, ayant la même taille,

Dont l'uniforme bleu rehaussé de garance
M'emplit les yeux de doux souvenirs et d'amour...
Et le rêve m'emporte au-delà... vers la France !

Février 1917.

« UN DES NÔTRES N'EST PAS RENTRÉ »

Nous suivions dans le ciel le vol des avions.
Ils étaient dix au moins. Leurs ailes gigantesques
Décrivaient lentement d'étranges arabesques.
Ils montaient, descendaient, et nous les entendions
Echanger leur mitraille au milieu des nuées.
Les canons leur lançaient de rapides obus
Qui ponctuaient l'azur d'éclairs et de fumées.
D'en bas nous percevions le ronflement confus
Des moteurs, se mêlant à celui des hélices ;
Les balles crépitaient aux flancs des coques lisses,
Tandis que dans nos cœurs émus et angoissés
Les battements étaient de plus en plus pressés.

La lutte à ces hauteurs décuple l'héroïsme,
Car l'homme, en s'élevant, dépouille l'égoïsme :
S'il triomphe, il est seul témoin de son exploit ;
S'il succombe, il périt sans qu'on sache pourquoi.
Il s'envole, en comptant sur sa propre vaillance ;
Il faut qu'il soit sans peur comme sans défaillance,
Que ses nerfs soient d'acier, que ses muscles soient
　　　　　　　　　　　　　　　　　　　　]forts;

Il sait que l'instrument qui l'emporte est fragile,
Que le moindre accident peut, malgré ses efforts,
Le jeter sur le sol, le broyer sur l'argile.

Il s'en va, cependant, souriant, brave, altier ;
Lui-même il a choisi ce dangereux métier
A l'heure où le Pays, menacé par la guerre,
Appelait ses soldats en masse à la frontière.
Tel d'autres, il pouvait en défendre l'accès
Dans les forts, dans la plaine ou sur les hautes cîmes.
La Mort y fauche aussi, mais au moins ses victimes
Trouvent des bras amis, des secours, des regrets,
Tandis que l'avion blessé meurt de sa chute
Et peut périr sans gloire et même aussi sans lutte.

La bataille, là-haut, se prolonge et pour nous,
Spectateurs attentifs, demeure fantastique.
Nos visages pâlis et nos regards de fous
Attestent que l'angoisse est cruelle et tragique.
Nous comprenons, hélas ! qu'il s'agit de combats
Dont la vie est l'enjeu — la vie ou le trépas !

Bientôt nous distinguons deux des aéroplanes
Qui s'écartent du groupe et semblent s'évader...
Le premier paraît fuir ; l'autre, pour l'aborder,
Redouble de vitesse. Et le sang dans nos crânes
Bouillonne encor plus vite ; il obscurcit nos yeux.
Où donc est l'ennemi ? Pour qui former des vœux ?
Comment les distinguer à pareille distance ?
Mais comme le fuyard s'éloigne de la France,
Nous augurons que l'autre est un de nos amis,
Qu'il va vaincre et qu'enfin il nous sera permis,
Sur la terre d'exil, de voir un peu de gloire
Dont nous sommes sevrés et de crier : Victoire !

Hélas ! au même instant, dans un nuage noir,
Notre héros se voile et nous perdons l'espoir.
Nous avons vu soudain se détacher une aile
Et dans le bleu du ciel s'incliner la nacelle.
L'aile, ainsi libérée, en tournoyant s'abat,
Tandis que l'avion mutilé se débat
Comme un coursier blessé que l'écuyer maîtrise.
Le fuyard se retourne et de rage se grise ;
Il poursuit à son tour l'adversaire impuissant,
Pour l'achever, sans doute, au moment qu'il descend.
Mais la mort le guettait. Il se cabre, il chancelle ;
Il a reçu là-haut la décharge mortelle...
Et les deux avions s'abîment sur le sol.
— Les autres, entre temps, continuaient leur vol. —

Nous avons retrouvé l'aile dans une ferme ;
Un cercle tricolore affirmait notre deuil,
Mettant à notre attente un très douloureux terme
Et nous devions pleurer sur un nouveau cercueil.

Le soir on nous apprit qu'on avait convoyé
Près de Bouvines, dans la plaine de Pévèle,
L'aviateur trouvé sous l'avion broyé ;
Que c'était un Anglais, un allié fidèle
Mort pour notre Patrie, et que nous n'aurions pas,
Etant donné le lieu qui marquait son trépas,
Le droit de le conduire à notre cimetière...
— Le deuil est plus cruel, la peine plus amère, —

On nous a dit aussi, — répétons-le tout bas,
Car on nous interdit de parler des combats, —
Qu'on avait relevé non loin de la victime
Dont la perte est pour nous pénible comme un crime,
L'autre avion avec ses deux occupants morts,
Après la même chute et les mêmes efforts.
Mais, pour voiler l'échec, on les fit disparaître
Sans pompe, sans éclat, sans prière et sans prêtre.

Ainsi, la Gloire est vaine ; il n'y a bien souvent
Ni vainqueur ni vaincu. On n'a dompté le vent
Que pour menacer l'homme, et l'homme, à la dérive,
Est allé vers la Mort qui lui criait : Qui vive !

24 Septembre 1917.

" VICTIMES DE LEURS COMPATRIOTES " (?)

La ville s'endormait, silencieuse, obscure,
Et tous les nerfs tendus par la guerre qui dure
Se détendaient déjà dans l'oubli du sommeil,
En attendant l'angoisse ou l'horreur du réveil.
Oui, les yeux se fermaient, malgré la peine amère
Qui prodigue les pleurs et brûle la paupière,
Malgré l'anxiété, malgré le grondement
Continu du canon, malgré l'effondrement
Tout proche des beffrois, des tours des cathédrales,
Les sinistres rumeurs, tristes comme des râles...

Les boulevards muets, les carrefours déserts
S'atténuaient dans l'ombre et les grands arbres verts
Ne se révélaient plus qu'au souffle d'une brise
Qui se faisait discrète et qu'on devinait grise...

Une bombe brutale a secoué la nuit,
Et déjà voici l'autre... une troisième suit.
Tout le monde est debout, écoute et compte : quatre...
Cinq, six, sept, huit, neuf, dix... Grand Dieu ! va-t-on
                                [se battre

Aujourd'hui dans la rue ? Ah ! pour nous délivrer,
Qu'ils viennent, nos amis. L'aube va se lever
Et nous trouvera prêts pour assister la France,

Oubliant les soucis, la peur et la souffrance,
Pour ne nous souvenir que de l'ardent amour
Qu'on doit à son Pays. -- Ecoutons... Le tambour ?
— Non, le bourdonnement des hélices rapides
Des avions lançant les engins homicides.
Hélas ! ils sont trop haut pour qu'on puisse les voir,
Là nue est trop profonde et le ciel est trop noir.

Le vacarme s'est tu ; mais un reflet sinistre
Dissipe çà et là la nuit au teint de bistre,
Et l'on voit apparaître au-dessus des grands toits
L'enfer de l'incendie et, tandis que les bois
Craquent dans le brasier, lancent des étincelles,
Les rumeurs de la ville, en bas, deviennent telles
Qu'on devine les deuils, les larmes, les sanglots,
Et que le sang, encore, a dû couler à flots.

Ils nous diront demain que des aéroplanes
« Ennemis » sont venus pour jeter sur nos crânes
Des obus meurtriers ; qu'ils ont incendié
Systématiquement, sans raison, sans pitié,
Un hôpital ou bien un couvent, une église...
Dans leurs journaux, ensuite, il faudra qu'on relise
Les noms de tous les morts, l'âge des moribonds
Et le bilan complet des briques, des moellons
Ecroulés sur les fronts, dispersés par les bombes,
La valeur des dégâts et le total des tombes.
Et puis, remarque étrange, ils ne manqueront pas

De faire observer qu'il n'y eut point de soldats
Parmi les gens frappés ; ni rempart, ni caserne
Parmi les bâtiments, ni rien... qui les concerne.
— S'il s'agit d'un hasard bizarre et complaisant,
On ne fait rien de mal, pour sûr, en le disant. —

Les « nôtres » nous diront après-demain, sans doute,
Que leurs grands avions, en passant sur la route
Du ciel où les portaient leur courage et leur sort,
Ont semé dans les camps la terreur et la mort,
Fait sauter des caissons, des abris, des repaires ;
Qu'ils ont pu constater des dégâts... militaires ;
Qu'ils ont partout rempli leur dangereux devoir
Et que plusieurs des leurs... sont tombés, sans espoir.

D'autres aussi diront que le feu de défense
A lancé des obus qui, malgré leur puissance,
N'ont pas atteint leur but et sont redescendus
Sur la ville endormie où des gens demi-nus,
Surpris dans leur sommeil, ont reçu les mitrailles
Tandis que s'éffondraient les toits et les murailles.

Et, l'ouragan passé, l'on se disputera
Pour savoir si la mort, le feu, et cœtera...
Sont venus de la France — autant dire des «nôtres» —
Ou s'ils furent lancés par les canons des autres.
Mais la mort, c'est la mort ; la source importe peu
Pour celui qui s'en va. Celui qui reste peut
La maudire à son gré, critiquer à son aise,

Ou chercher à savoir si la bombe est anglaise,
Allemande ou française. Il faut se résigner
— Puisque plus rien, hélas ! ne peut la désigner, —
A prier pour les morts et ne compter les coups
Que comme à la curée on dénombre les loups.

Le code de la guerre est barbare et cruel ;
Il ne voit, ici-bas, plus rien de criminel.
Il impose au soldat dont le cœur est sensible
De prendre à tout instant un autre cœur pour cible ;
Il exalte la ruse et place au premier rang
Ce qui flétrit la terre ou l'abreuve de sang.
Le succès se mesure au nombre des victimes
Ou, plus souvent encore, à la grandeur des crimes,
On ne distingue plus les faibles et les forts ;
Il suffit de compter les blessés et les morts.
Tout le bétail est bon, toute la race humaine
Doit aller au combat et n'aura, pour sa peine,
Ni couronnes de fleurs, ni branche de laurier,
Pas même, en fin de compte, un rameau d'olivier,
On prodigue les croix après les hécatombes,
Mais on en plante encor beaucoup plus sur les tombes.
On ne voit dans les camps ni tentes, ni drapeaux,
Mais partout la ruine et partout des tombeaux.

L'herbe pousse déjà sur les cendres des villes,
Mais combien renaîtront des villages tranquilles
Que le fer et le feu, la veille, ont jeté bas ?
Combien de morts, hélas ! ne reverrons-nous pas ?

1er octobre 1917.

” SANS LAISSER DE TRACES “

———

« La mer est belle, calme, et « Speranza » tranquille
Semble glisser sur l'eau. Je crois bien qu'elle file
Ses six nœuds sous le vent, vive comme un cliper
Et fine comme un yatch, plus belle qu'un steamer
Avec ses deux grands mâts et sa grise voilure.
Ah ! la belle tenue, ô la superbe allure !
J'en profite, Chérie, à deux jours de Bordeaux,
Pour t'écrire ma lettre. Aussitôt hors des flots,
Pour t'annoncer plus tôt mon arrivée en France,
J'irai la confier à la malle en partance.
Tout présage aujourd'hui que nous serons demain
A l'abri dans la rade, hors du risque marin ».

« A Rio, Fernandez m'a parlé de la guerre…
Tu n'y dois point songer. Moi, je n'y songe guère.
En route, nous n'avons absolument rien vu
Qu'un peu moins de bateaux, un océan plus nu.
Les Allemands, d'ailleurs, aiment bien l'Argentine
Et nous les connaissons : Pour eux, c'est une mine
D'or avec les comptoirs qu'ils ont créé partout ;
Ils veulent les garder et seront jusqu'au bout
Tolérants avec nous. Et puis, ma marchandise
Ne saurait les tenter. Un bateau qu'on nolise

Pour transporter la laine est but trop innocent
Pour qu'on l'immole ainsi, sans raison, en passant.
D'ailleurs ma coque blanche et mes pavillons bleus,
Mon allure tranquille et, le soir, tous mes feux,
Attestent que sur mer je suis franc, comme à terre.
Si l'on veut m'arrêter, je serai très sincère
Et j'abandonnerais mes vingt mille toisons
S'il le fallait, vois-tu, pour sauver nos garçons.
Avec mes cheveux gris, ma pipe et mon courage,
Je ne crains rien ici que Dieu et que l'orage.
Mais laissons ce sujet, sois heureuse et bientôt,
Pour te tranquilliser, je câblerai le mot
Français dont je me sers en telle circonstance
Et que tu connais bien, c'est-à-dire « Espérance »;
Puis, dès que je saurai le jour de mon départ,
Je te recâblerai « Speranza » sans retard. »

« Tout va très bien à bord de mon petit navire ;
Le pont est astiqué, dans le cuivre on se mire ;
La voilure est intacte et notre gouvernail
Obéit comme un nègre aux portes d'un sérail.
Bref, tout, en général, Capitaine, équipage,
Cargaison... tout est net, tout est sain, tout est sage.
Tes trois fils sont toujours actifs, solides, beaux ;
Pedro, qui me remplace à l'heure du repos,
A l'œil du loup de mer et mieux que moi peut faire
Le point, le quart, le reste et deviner la terre.
Nuno est à la barre, impassible et vaillant

Et puis, ce qui vaut mieux, toujours obéissant.
Attentif et soumis, il conduit à merveille ;
Il chante quelquefois, le béret sur l'oreille,
Cet air que dans le port braillent les matelots ;
Mais sa voix est si pure... on en oublie les mots.
Domingo pour l'écoute est toujours très habile ;
Nul ne mesure mieux la vitesse qu'on file.
Ce petit te ressemble et je sens dans mon cœur
Un peu plus de tendresse, un peu plus de douceur
Lorsque, sans me montrer, de loin je le regarde,
Sérieux comme toi, calme, monter sa garde...
— C'est tout, je n'y vois plus... mes yeux sont obscur-
                                         [cis...

'Je finirai demain... Sois surtout sans soucis.
Et d'ailleurs j'ai fini... Tu vois ce petit rond :
C'est une goutte d'eau qui tomba... du plafond.
On dirait une larme, et tu sais bien qu'un homme
A barbe grise... un homme... eh ! bien, mais oui, en
                                         [somme,
Un vieux loup de mer, un marin, ne pleure pas,
Si ce n'est par sa pipe ou bien pour un trépas...
Ci-dessous nous mettrons tous les quatre, mignonne,
Chacun notre baiser. Mais j'ai — Dieu me pardonne —
Fort maladroitement déjà posé le mien,
Cet autre petit rond... Tu le reconnais bien,
Car, cette fois encor, ma maudite moustache
A fait sur le papier une vilaine tache »

« Post-scriptum : J'aperçois à l'est un paquebot,
Trois grands panaches noirs qui s'élèvent très haut
Et qu'emporte bien loin une brise estivale.
Je vois son pavillon : c'est la malle postale
Qui retourne chez nous et je vais, en passant,
Lui confier ma lettre en disant : c'est pressant.
Donc, tu l'auras plus tôt. Et surtout, sois tranquille,
Songe qu'après-demain nous dormirons en ville ».

Trois semaines après, Mona reçut le pli.
La dépêche manquait : « Espérance ». — Un oubli ?
Elle fut donc joyeuse et, le cœur sans alarmes,
Vécut pendant un mois confiante et sans larmes.
Mais « Spéranza » tardait, le mot qui du retour
Devait marquer la date et qui de son amour
Pouvait combler les vœux. Pourquoi donc cette attente ?
Un autre oubli ? — Non pas : mais peut-être l'Entente
A-t-elle supprimé le câble, ou bien est-il
Mis de côté pour le télégraphe sans fil
Dont son brave mari ne connaît pas le rôle,
Car on n'en parlait pas naguère à son école ?
Un autre mois passa, très triste pour Mona.
Ensuite, et pour jamais, l'espoir l'abandonna...
Et depuis lors, *pour eux*, elle prie, elle pleure
Et menace la mer en attendant son heure.

Sur le livre de bord du paquebot postal,
On avait simplement noté ce fait brutal
Le soir même où la lettre avait été remise :

« A l'est, explosion. Hypothèse permise :
Attaque d'un navire, exploit de sous-marins.
Au loin, de « Speranza » tous les feux sont éteints.
Nul appel, nul canot, rien qui puisse permettre
D'assister le bateau qui nous remit la lettre,
D'apprécier la cause ou de juger l'effet. »

Le silence, à la mer, rapidement se fait.....

                                28 Septembre 1917.

A PROPOS DE LA PAIX

Trente siècles d'histoire et trois mille ans de guerre,
Voilà tout le bilan de l'homme sur la terre !
On y parle de Paix ; mais ce n'est qu'un vain mot,
Puisque depuis le temps lointain où le Très-Haut
Autour de son soleil fit tourner notre monde,
Pour alterner le jour avec la nuit profonde,
Le genre humain n'a pas cessé d'être méchant.
Le Bien voudrait régner, mais il est impuissant ;
Le Mal se croit plus fort, parce qu'il est moins sage,
Et l'un l'autre échangeant des coups, des cris de rage,
Ne cessent de lutter pour savoir qui des deux
L'emportera sur l'autre... en lui crevant les yeux.

Pourtant, nous étions faits pour mourir de vieillesse ;
Dieu nous avait donné, dans sa haute sagesse,
Des mains pour travailler, la bouche pour prier.
Comment avons-nous pu, si vite, l'oublier
A ce point qu'on pourrait plus exactement dire :
Les deux mains pour tuer, la bouche pour maudire ?

La Paix, c'est le repos. Mais c'est aussi le temps
Qui sert à préparer guerres et guet-apens,
Pendant lequel on forge ou l'on fourbit des armes
Pour seconder la Mort et distiller les larmes.

On rêve d'attaquer et d'abattre un rival,
De lui prendre son bien... Et c'est cet idéal
Qui fait naître en nos cœurs la rancune et la haine,
Sans mesurer l'horreur des fléaux qu'il déchaîne :
Des luttes sans merci, de meurtriers combats,
Des crimes monstrueux, d'innombrables trépas.

Le genre humain, pourtant, a peut-être une excuse
Pour tant de cruauté, d'insolence et de ruse :
Défense légitime ? Atavisme ?... En naissant,
N'avons-nous pas la fièvre et le feu dans le sang ?
Car l'homme primitif, arrivé les mains vides,
S'est trouvé menacé par des bêtes avides ;
Il dut armer son bras, couvrir ses membres nus,
Se défendre, attaquer les animaux velus,
Défier les serpents, écraser les vipères,
Immoler les vautours et les coléoptères...
D'une lourde racine ou d'un arbre brisé,
Il fit une massue. Il lui fut plus aisé
D'écarter le péril et de dompter les bêtes
En abattant les corps, en écrasant les têtes.
L'homme, né pacifique, ainsi fut obligé
De lutter, de tuer, pour être protégé.
Il marcha dans le sang ; bientôt il en fut ivre ;
Il dut faire la chasse ; — il faut manger pour vivre —
Et la faim, qui condamne à mort les animaux,
Sous les pas du chasseur fit naître des rivaux.
Alors, on vit ceci : l'homme combattant l'homme

Qui devint à son tour une bête de somme.
La colère, en ce temps, détrôna la raison
Et l'injure aussitôt remplaça l'oraison.
C'en était fait, la guerre avait germé sur terre ;
Blasphèmes et jurons ne devaient plus se taire ;
La lutte s'imposait, les bras devaient s'armer
Puisque les cœurs, hélas ! ne savaient plus aimer.

Rien n'est changé depuis, si ce n'est que les armes
Sont en nombre plus grand, plus cuisantes les larmes.
L'homme inventa la hache ; il tailla dans le roc
Des engins meurtriers avant d'en faire un soc
Pour labourer la terre ; il combina la lance
A pointe de silex ; même, dans sa démence,
Sacrilège infernal, il appointit des os
Pour en faire avec art flèches et javelots.
L'arc et la fronde sont des fruits de son génie
Dont la science, hélas ! paraît indéfinie.
Puis on le vit couler le bronze au reflet d'or
Pour donner plus d'élan, de force à son effort.
Enfin, le fer, l'acier, et la forge et la trempe,
S'unirent pour défendre ou pour frapper la tempe,
Soutenir ou briser les membres et le corps...
— Et l'on compta bien plus de blessés et de morts. —

Haches et coutelas, les épieus, les piques,
Les lances, les poignards, les angons, les francisques,
Frappant à tour de bras casques et boucliers,
Cuirasses, corselets, s'ébréchant aux cimiers,

Défonçant les thorax et les côtes de mailles ;
Et le sabre et l'épée, au milieu des batailles,
S'entrecroisant sans cesse et plongeant dans la chair..
Voilà ce qu'on voyait... quand le temps était clair.
— Et, le soir, on comptait, on nommait les victimes
Ainsi qu'on l'aurait fait pour dénombrer des crimes.

Ce n'était pas assez des combats singuliers
Où l'homme attaque un homme ; il fallut aux guerriers
Des engins plus puissants, moissonneurs plus habiles,
Abattant les cités, incendiant les villes.
Le plomb, l'huile, la poix coulèrent sur les fronts ;
On fit partout des tours, des herses et des ponts
Et l'on vit trébuchets, balises, catapultes,
Se dresser menaçants pour activer les luttes.
— Mais tout cela n'est rien ; il fallait des trépas
Plus nombreux et plus sûrs, encor plus de fracas....
Alors on inventa l'inexorable poudre,
C'est-à-dire l'éclair, l'explosion, la foudre !

Que cent fois soit maudit celui qui la créa,
Arabe ou bien Chinois, ou Schwartz, moine béat ;
Son œuvre fut fatale à notre pauvre monde.
Elle fut pour la Mort profitable et féconde,
Centuplant les effets, multipliant les coups
Et les portant aussi beaucoup plus loin de nous.
Arquebuses, mousquets, bombardes, couleuvrines,
Broyèrent au hasard les crânes, les poitrines,
Et l'on ne compta plus bras et jambes brisés,

Les abris abattus, les monuments rasés.
L'infirmité servit de panache à la gloire ;
On vit les mutilés célébrer la victoire
Et sourire à la Paix qui pansait leurs débris,
Pendant que leurs enfants, anxieux et surpris,
En attendant leur tour de brandir une épée,
Ecoutaient le récit de la longue épopée.

Mais la poudre n'avait pas dit son dernier mot ;
Elle devait, hélas ! se révéler bientôt.
En mêlant le charbon à la blancheur du nitre
Dans l'or pâle du soufre, on n'en était qu'au titre
Du livre où le Destin devait marquer son sort...
Il fallait à tout prix centupler son effort.
On prit d'autres produits, on fit d'autres mixtures ;
Les pilons, les creusets, les meules, les moutures,
Combinèrent les corps, qui changèrent de noms.
On eut la dynamite et les fulmicotons,
Les mélinites, les autres poudres en ite
Fumant de moins en moins, brûlant beaucoup plus vite,
Chassant beaucoup plus loin des obus monstrueux
Emportant dans leur sein d'autres fers, d'autres feux.

L'arme que l'on chargeait autrefois par la gueule
Put enfin, sans effort, se charger toute seule.
On forgea dans l'acier les fusils, les canons ;
On en fit de plus courts, on en fit de plus longs,
Et tout cela servant à se battre à distance,

On fit la baïonnette, on rajeunit la lance
Pour permettre au besoin la lutte corps à corps,
Pour qu'à défaut de poudre on ait encor des morts.

Voilà bien de la Paix un tableau magnifique,
Qui promet à ce monde un avenir... tragique.
On prépare la guerre afin de l'éviter ;
Mais quand elle est bien prête, elle est près d'éclater.
« L'épée est aiguisée et la poudre est bien sèche »,
Les arsenaux sont pleins. Qui flambera la mèche ?
On a tant de fusils et tant de revolvers
Qu'on pourrait au besoin tuer tout l'univers.
Qui craindre ? Et pourquoi pas ? Il faut qu'on puisse
                                                    [dire

Que ce n'est pas en vain qu'on arma tout l'empire.
Le reste se devine et l'on n'en peut parler
Parce que... l'Univers est en train de râler.

                              4 Octobre 1917.

L'EXODE

—

Pour l'exode, on s'inscrit. — Serait-il vraiment sage
De tenter maintenant le pénible voyage,
D'abandonner ainsi sa maison, ses amis
Et de laisser son bien aux mains des ennemis ?
— Peut-on dire « pénible » et le dire à l'avance
En parlant d'un exil qui conduit vers la France,
Qui peut rendre la force avec la liberté,
Qui permettra de dire un peu la vérité
Et peut-être aussi de payer de sa personne
Avant que du Destin l'heure fatale sonne ?

L'exil est douloureux ; mais ce n'en est pas un
Quand le départ libère et qu'il est opportun
De délivrer le corps pour réconforter l'âme.
— En secouant la cendre, on ranime la flamme, —
Attendre ? Mais depuis trois ans nous attendons,
Nous espérons, tout en écoutant les canons
Qui font trembler le sol et dont la voix puissante
Est comme une clameur de la patrie absente.
Pour nous, l'espoir est un soleil dont les rayons
Sont souvent voilés d'ombre. Et quand nous les voyons
Venir de l'Occident à travers le nuage
Que la poudre assombrit, nous savons que l'orage

Infernal et cruel doit passer par ici
Et nous chasser. — Où ? Quand ? C'est là notre souci.

Est-il bien de partir ? Vaut-il pas mieux rester ?
Où donc est le devoir ? Qui pourrait le dicter ?
Qui peut parler chez nous ? A qui prêter l'oreille,
Quand partout on écoute et toujours on surveille ?
Jusqu'au pied de la chaire, on voit des auditeurs
Epiant la parole, et, comme traducteurs,
En altérant l'esprit pour châtier la lettre
Par l'emprisonnement sacrilège du prêtre.
On peut se compromettre en élevant la voix
Et d'un dur esclavage il faut subir les lois.
Mais on peut, au besoin, remplacer la parole ;
Un geste de la main vaut une parabole.
Et l'on peut mieux encor lire dans un regard...
— Nous ferons nos adieux la veille du départ. —

Ainsi, c'est décidé ; si la chose est permise,
Nous quitterons ces lieux, cette terre promise
Où nous avions rêvé le calme et le repos.
Au logis bien aimé nous tournerons le dos ;
Nous laisserons nos chiens, douces et bonnes bêtes
Qui, pour la promenade, à bondir toujours prêtes,
Nous chercheront en vain dans les sentiers du parc.
Nous n'irons plus songer sur les bords de la Marcq,
Le long des grands chemins dénombrer les églises,
Les châteaux, les moulins à vent, les fermes grises.

Nous nous éloignerons de ceux que nous aimons
Sans savoir si jamais nous les retrouverons.....
Nous n'emporterons rien de ce qui nous rappelle
Les bons jours d'autrefois. La consigne est formelle :
Ni meubles, ni tableaux, ni portraits, ni bijoux....
Et le jour du départ.... on pillera chez nous.

Certes, c'est un pénible et douloureux voyage,
Car il faut implorer la faveur du passage
Comme on demanderait une grâce au geôlier,
Et subir les affronts qu'il sait multiplier.
Il faut aussi payer ; — les frais sont légitimes —
Mais payer en sachant que l'or fait des victimes,
Car il sert d'aliment pour les sanglants combats,
N'est-ce pas de ses mains préparer des trépas ?
Hélas ! on peut payer sans manquer de courage,
Car, en restant, on paye encore davantage.
Le scrupule est permis ; mais il s'évanouit
Comme devant l'aurore un songe de la nuit,
Dès qu'on met en regard du bonheur d'être libre
Les sanglots qu'il en coûte au cœur ardent qui vibre.

Grand Dieu ! j'en puis parler, car j'ai vu de mes yeux,
Voici bientôt un an, l'embarquement de ceux
Qui formaient l'effectif d'un précédent voyage.
Trois pauvres chariots composaient l'équipage,
De ces longs chariots en forme de pétrins
Qui servent en été pour transporter les foins,
Dont le fond est étroit, dont la caisse s'évase,

Si bien que sur le bord à grand'peine on se case,
Tandis qu'enchevêtrés s'ankylosent les pieds.
Sur chacun des côtés, des longerons liés
Formaient un banc étroit à l'aide d'une planche.
Sans appui pour les reins, pour le corps qui se penche,
Si bien que les cahots risquaient de jeter bas
L'enfant insouciant ou le vieillard trop las.
Et le jour du départ, après la longue attente
Sur la route, en plein air, sans baraque ni tente,
— On était en décembre et la bise soufflait —
C'est en hissant les gens qu'en place on les mettait.

Ils n'étaient pas nombreux, à peine une trentaine,
(Aux larmes de leurs yeux, on devinait leur peine)
De très jeunes enfants et deux hommes très vieux,
Des femmes de tout âge allant retrouver ceux
Pour qui leur cœur battait, et, surtout, une vieille
Dont la tête branlait et qui semblait pareille
A quelque moribonde allant vers son destin,
Tandis que pour monter on lui donnait la main.
Ah ! l'angoisse fut grande à l'heure où le cortège
Passa sur le chemin encor couvert de neige.
Pour plus de sûreté, des voisins complaisants
Avaient noué leurs bras sous les reins chancelants
De la très vieille dame et prévenaient sa chute ;
Mais les cahots étaient, sur la route très brute,
Si forts que la fatigue inclinait tous les fronts
Avant que du village on ait franchi les ponts,

Et ceux qui soutenaient la vieille mal à l'aise,
Se virent obligés d'installer une chaise
En travers des deux bancs pour mieux la maintenir,
Car ils craignaient toujours de la voir défaillir.

Imposer à des gens un si triste équipage
Semble quelque défi de guerriers d'un autre âge.
A peine emploierait-on ces mauvais chariots
Pour transporter des porcs, des moutons ou des veaux.
Les quinze voyageurs qu'en chacun d'eux l'on tasse
Ont cependant payé pour la première classe.
On leur avait promis de confortables trains,
Rapides et chauffés, bien garnis de coussins ;
On les traîne en plein vent, sans ressorts ni capotes ;
C'est sous la neige, au pas, que l'on monte les côtes.
Une gare était proche ; on lui tourne le dos.
Vers quelle autre va-t-on, de cahots en cahots ?
Pourquoi tous ces détours, ces étapes étranges,
Ces longues stations, ces repos dans les granges ?

Ce calvaire dura pendant près de huit jours ;
On souffrait sans se plaindre, on espérait toujours.
C'est que, chez nous, l'affront décuple le courage
Et qu'en le subissant on augmentait leur rage.
Tous ont bien supporté — nous l'avons su depuis —
Les longs jours de misère et les plus longues nuits.
Sans doute, je pourrais préciser davantage,
Augmenter ce récit de quelque sombre page ;
Il en serait plus noir, il en serait plus vrai.

Si j'ai la liberté, je le compléterai,
Il faut qu'on sache tout ; mais ce que je supprime,
Par ici, me serait imputé comme un crime.
C'est pourquoi je résume et dis en quelques mots
Que les chers exilés ont souffert bien des maux,
Et qu'après ce délai d'une longue semaine
Ils attendaient encor.... que le train les emmène.
Pour les humilier, on avait promené
Les pauvres voyageurs. Ainsi l'on a donné
La douleur en spectacle et profané l'exode !

Un tel crime n'est pas prévu par notre code ;
Mais si Dieu, le Bon Juge, a laissé des soldats
Commettre ce forfait, il ne permettra pas
Qu'au nom de sa Justice on consente à l'absoudre.
Il se prononcera quand se taira la poudre ;
Il nous rappellera qu'il s'appelle le Droit,
Que son temple est le Monde et sa force la Loi ;
Qu'à son congrès de Paix, la Vérité décide,
L'Univers est témoin, la Liberté préside.
L'auditoire, c'est nous et nous ne sommes là
Que pour enregistrer ou mettre le holà.
Mais si l'on oubliait de flétrir les outrages,
De punir l'insolence ou venger les otages,
Nous nous dresserions tous, d'un même mouvement,
Pour dicter le verdict et..... pour le châtiment.

11 Octobre 1917.

« ILS ONT PRIS..... LA CLOCHE ! »

N'attendez pas de moi l'aveu de quelque peine :
Notre cloche est partie et... j'en suis tout heureux.
Mais oui, j'ose le dire, et la vindicte humaine
M'accuserait en vain de sentiments douteux,
De noire ingratitude ou même de blasphème,
Je ne changerais pas d'avis sur ce sujet.

Une cloche ! Pourquoi ? Annoncer un baptême ?
Mais la naissance n'est déjà plus un secret
Quand on la met en branle ; elle n'instruit personne,
Car tout le monde sait si c'est fille ou garçon
Deux ou trois jours avant qu'à l'église elle sonne.

Est-ce pour un hymen ? Toujours le même son,
Car la nôtre est unique ; il n'y a qu'une corde
Et c'est le même bronze et le même sonneur,
Dans le même clocher, qui clament qu'on s'accorde,
Qu'on se donne la main avec ou sans le cœur.

Et puis, un mariage, on en parle à l'avance ;
On a fait un contrat, on publia des bans ;
Alors, pourquoi sonner ? On va faire bombance,
Beaucoup manger et boire, et danser... des cancans.
Est-ce là ce que doit proclamer une cloche ?

On sonne pour la messe, aussi pour le salut ;
Mais qui n'a pas sa montre, aujourd'hui, dans sa poche?
Qui n'a pas une horloge à côté du bahut
Ou bien quelque pendule ornant sa cheminée ?
De l'office on sait l'heure et Monsieur le Curé
N'attend pas que la messe en cours soit terminée
Pour nous annoncer l'autre; il la fixe à son gré.

Pour la mort, trop souvent, la cloche aussi résonne ;
Elle s'attriste même. On dit : c'est un trépas.
Le sonneur est payé pour qu'à la cloche il donne
L'impulsion qu'il faut pour en tirer un glas ;
Mais on a prévenu le monde à domicile ;
On a multiplié les lettres, les avis,
Et tous les branle-bas de la cloche docile
Ne prouvent pas que le défunt ait des amis...

Cependant, dira-t-on, lorsqu'en cas d'incendie
L'obéissante, encor, tinte à coups redoublés,
On devine aussitôt pour quelle tragédie
Et bientôt les pompiers se trouvent rassemblés.
C'est vrai; mais à la ville on n'entend pas la cloche ;
Le téléphone est là, beaucoup plus diligent.
Au village, le feu, qu'il soit lointain ou proche,
Bien avant le tocsin se révèle souvent.

Ainsi, vous le voyez, la cloche est superflue ;
On peut parfaitement, de nos jours, s'en passer.
Et la nôtre, d'ailleurs, pendant trois ans s'est tue,
Ce qui n'empêcha pas de naître ou trépasser.

— Et puis, n'avons-nous pas un reproche à lui faire ?
Vous le devinez bien. Moi, j'en frémis encore.
C'est de n'avoir pas su parfaitement se taire,
Oubliant en ceci que le silence est d'or.
Nous l'avons entendue, à deux ou trois reprises,
Célébrer bruyamment des succès ennemis.

Il a fallu sonner dans toutes les églises !
On entendit soudain les clochers endormis
Se réveiller le soir, l'heure la plus propice
Pour décupler l'effet de ces alléluias.
Alors ce fut pour nous un atroce supplice,
Car nous ignorions tout des luttes, des combats,
Et nous nous demandions ce que nous devions croire,
Au milieu des rumeurs et des cris du vainqueur,
Des clameurs des clochers et des chants de victoire
Qui vibraient sur la plaine en nous brisant le cœur.
Et c'est elle, la cloche, elle dont le mutisme
S'imposait davantage en ce moment fatal,
Qui venait affliger notre patriotisme,
Donner à nos espoirs ce démenti brutal.

— Mais, pour désobéir, elle était impuissante,
Et c'est par ordre qu'elle a dû sonner ainsi.
C'est vrai. Pardonnons-lui. Mais la savoir absente,
C'est être délivré d'un douloureux souci.
— En somme, convenons que c'est une inutile,
Un objet sans attrait, souvent même gênant.
Aussi quand, l'autre jour, j'ai vu du péristyle

Le plafond éventré sous le clocher béant,
J'ai senti… Mais, grand Dieu, je ne veux pas le dire,
Car je n'ai tant plaidé que pour… vous consoler
Du départ de l'absente en vous faisant sourire….
Et voilà que les pleurs de mes yeux vont couler….
Eh bien ! Oui, j'en conviens, j'ai pleuré, mais sans honte,
Pleuré comme un enfant qu'étouffent les sanglots ;
Et je n'en rougis plus, puisque je le raconte
Et que je pleure encore en répétant ces mots.

Si vous voulez savoir pourquoi coulent mes larmes,
Ecoutez votre cœur et songez qu'on a pris
L'airain dans nos clochers pour en faire des armes
Qui frapperont nos fils, nos frères, nos amis.
On a mis au creuset les cloches pacifiques :
Carillons des beffrois, clochettes des couvents,
Sonnettes des autels, bourdons des basiliques,
Qui naguère appelaient les fidèles fervents
Et qui les rassemblaient aux heures de prière.
Tout a disparu, car notre ennemi lassé
A besoin de métal pour nous faire la guerre
Et ne respecte rien de ce pieux passé.

Cloches bénites qui répandiez sur la plaine
Cantiques, oraisons, matines, angelus,
Vous allez devenir des instruments de haine :
Des cartouches de cuivre et des bouchons d'obus.
Oui, vos robes de bronze ont — malgré le baptême,
La consécration et la myrrhe, l'encens,

Les psaumes, l'eau, le sel, les huiles, le saint-chrème,
Malgré la sainteté de vos noms innocents —
Subi l'ultime affront et l'odieux outrage
D'une horde insolente et fourbe de guerriers
Pour qui le sacrilège est un ferment de rage
Et dont l'hypocrisie a flétri les lauriers.

Ils ont, sous le pilon, brisé vos harmonies
Pour la France et pour Dieu prêtes à s'envoler,
Car, pour eux, vous étiez aussi des ennemies
Parce que vous savez prier et consoler.
Puis la forge a rougi vos gorges déchirées,
Afin qu'un flot de lave en coulant de vos flancs
Efface à tout jamais les légendes sacrées
Qui rappelaient les vœux des ancêtres fervents.
Ils n'ont pas hésité, malgré leur impuissance,
Dans la peur de franchir, en reculant, le Rhin,
A prendre, pour lutter, les cloches de la France,
A braver Dieu lui-même en profanant l'airain.

Vainqueurs ! Ils l'ont été, par la force et la ruse,
Et sans souci du Droit, ils ont d'abord conquis ;
Mais la conquête pèse au conquérant qui s'use
Et le poids des forfaits qu'il a partout commis
A soulevé le Monde. Il se dresse implacable,
Uni dans son effort et dans sa volonté,
Non pour battre un rival plus ou moins redoutable,
Mais pour punir le crime, et de la Liberté

Assurer le triomphe et l'essor pacifiques.
Et du Destin vengeur, quand l'heure sonnera,
Vous sonnerez aussi bourdons des basiliques,
Carillons des beffrois, car on nous en rendra
Des cloches, des clochers. Elles seront plus belles
Et les clochers, plus haut, emporteront nos vœux.
Les cloches de la Paix seront des immortelles,
Car nos morts, en vainquant, seront morts glorieux !

22 Octobre 1917.

RÉQUISITION DE..... MATELAS

La Loi, qui nous protège — et parfois nous accable —
A toujours respecté le lit du pauvre diable
Comme celui du prince ou bien celui du roi.
L'homme, depuis l'époque où l'on conçut le Droit,
Quel que soit son malheur, a pu garder sa couche
Pour reposer son corps. Aucun code n'y touche
Aussi longtemps qu'il pense, aussi longtemps qu'il vit,
Et quand il n'a plus rien, on lui laisse son lit.

Le grabat misérable où l'indigent se niche,
Le lit à baldaquin qui sert de trône au riche,
Sont égaux devant Dieu, car le lit est sacré.
Il est pour l'épuisé, pour le désespéré,
L'asile nécessaire où le sommeil répare,
Où la force renaît, où le chagrin se gare,
Où le rêve, parfois, trompe et met de l'espoir
Sur la route souvent très dure du devoir.

Si le plaisir aussi peut y trouver sa place,
C'est que le Destin veut que l'homme se remplace
Et qu'il a mis l'Amour en face de la Mort
Comme deux combattants devant régler leur sort
Par une interminable et curieuse lutte
Dont la règle est la même au palais, dans la hutte,

Car riches ou manants, le Pauvre ou bien le Roi,
Sont ensemble soumis à cette unique loi
Qui, par la volonté d'un invisible Maître,
Nous condamne à mourir et nous oblige à naître.

Un lit, c'est un abri pour toutes les pudeurs,
Un refuge pour les peines et les douleurs,
Où le Sommeil, l'Oubli, le Songe et l'Espérance
S'unissent pour calmer les soucis, la souffrance,
En attendant le jour où, las de son fardeau,
L'homme épuisé s'endort dans la nuit du tombeau.

Un Prince, qui se croit plus fort que Dieu lui-même,
Vient cependant d'oser cet outrage suprême :
Au pauvre, au riche, à tous, il a volé le lit !
Que dis-je ? Il a courbé nos fronts fiers devant lui
En nous contraignant à livrer à tour de rôle
Le lit déjà sacré dans notre antique Gaule.

Au début de l'hiver, à l'approche des froids,
Nous avons dû porter, non pas nos lits de bois,
Mais ce qui les fait doux : nos matelas de laine.
Et cela fera plus pour aviver la haine,
Que mille autres abus, que mille autres forfaits,
Parce que c'est un crime, hélas! dont les effets
Atteindront les enfants, les vieillards, les malades,
Autrement que les vols, les rapts, les escalades.
Car on verra bientôt, dans les maisons sans feux,
Grelotter les petits et se mourir les vieux.
A l'infirme on a pris, comme à l'octogénaire,
A l'aveugle impuissant, au pâle poitrinaire,

Que les privations ont déjà décharnés,
La laine dont on prive aussi les nouveau-nés.

La laine! Et pourquoi donc? — Parce que l'Allemagne
N'a plus rien pour vêtir ses soldats en campagne.
Mais les nôtres, jadis, ont vaincu demi-nus
Et l'on devine que s'ils étaient revenus
Avec des matelas en gage de victoire,
On ne dirait pas d'eux qu'ils sont couverts de gloire!

Mais les temps sont changés puisqu'on voit des guer-
                                        [riers
Porter le lit du pauvre en guise de lauriers,
Etaler des tapis jusque dans les tranchées,
Dédaigner des bivouacs les joyeuses flambées,

Se terrer dans des trous et se mettre à l'affût
Pour tuer sans péril et bien souvent sans but,
Jeter sur les cités des monceaux de mitraille
Et contraindre les gens à coucher sur la paille.

Nous avons condamné le pillage, le vol,
La dévastation des granges et du sol,
Et la destruction des villages, des villes,
Le viol odieux des femmes et des filles,
L'incendie et le rapt, le meurtre des blessés
Et cent autres forfaits plus ou moins insensés....
Tout cela, cependant, nous l'aurions fait, peut-être,
En combattant chez eux, car l'homme n'est pas maître
Des folles passions. On peut le dire ici :
La colère est aveugle et l'amour l'est aussi ;
Comme celle du vin, la rage est une ivresse ;

La poudre en donne une autre excluant la sagesse ;
Mais nous n'aurions jamais *méthodiquement* pris
Le duvet des berceaux et la laine des lits.

Les Français ont souvent levé des barricades,
Mais ils n'ont jamais pris la couche des malades.
Si le lit du vieillard a, pour la Liberté,
Été sacrifié, il l'avait apporté
Lui-même à ces autels dressés pour la Patrie ;
Il faisait mieux encore : il lui donnait sa vie.

Les autres n'ont jamais connu ce dévouement ;
La Liberté, pour eux, ce n'est qu'un accident.
Il leur faut de la laine, il leur faut des capotes
Que ne connaissaient pas nos hardis sans-culottes.
Nos grenadiers portaient des habits en lambeaux.
De haillons on peut faire, au besoin, des drapeaux,
Et les leurs ont flotté comme des oriflammes
Sans obliger jamais à découcher des femmes !

Allez, prenez, Messieurs ; après nos blancs moutons,
Nos vaches et leurs veaux, nos prés et nos moissons,
Notre vin généreux, prenez aussi la laine.
Prenez, prenez, si vous ne craignez pas la haine.
Prenez le sang, prenez la chair, si vous ne craignez pas
La honte et le remords, ni Dieu, ni le trépas,
Même le déshonneur, sinon nos représailles ;
Mais vous n'irez jamais, cette fois, à Versailles !

25 Octobre 1917.

POUR LA LIBERTÉ

Vous qui pensez lutter pour une noble cause,
Soldats qu'on a trompés hier et que l'on n'ose.
Détromper aujourd'hui, vous vous croyez vainqueurs
Parce qu'on vous le dit, parce que des menteurs
Vous l'affirment encor; mais vous êtes victimes
Du plus félon des rois et du plus grand des crimes.

Votre pays vivait heureux et de la Paix
Pouvait, par le labeur, goûter tous les bienfaits.
Vous vous enrichissiez et partout dans le monde
Vous prépariez pour vous une moisson féconde.
Les usines, les quais, les gares, les comptoirs,
Les agences, les ports, - chez les blancs, chez les noirs -
Par vos soins érigés, multipliaient vos chances
Et vous donnaient ainsi de larges espérances.
Oui, vous aviez tant fait, en moins de cinquante ans,
Qu'il vous était permis de vous croire géants.

Regardez en arrière et songez que naguère
Tous les peuples avec qui vous êtes en guerre
Recevaient vos agents, achetaient vos produits
Et voyageaient chez vous. Ils vous livraient les fruits,
Le vin, les fleurs, les dons de leurs pays fertiles,

Agréables toujours et plus souvent utiles ;
Mais ils vous achetaient bien davantage encor,
De sorte qu'en vos mains ils apportaient leur or
Et que tout florissait dans votre vaste empire.

Votre roi, votre maître oserait-il vous dire
Pourquoi, d'un geste, il a, comme en guet-apens,
Déchaîné ces combats qu'il mène à vos dépens ?
— Il ne l'osera pas ; il craint votre colère.
Vous l'avez fait puissant pour régner sur la terre,
Si puissant que du Monde il se croit souverain.
Il veut être Empereur de par le droit divin
Et ne songe jamais à dire : « Je suis homme ».
Il se mesure à Dieu et dit : « Je suis Guillaume »,
Comme si ce nom seul affirmait cet orgueil
Qu'il voudrait emporter au-delà du cercueil.

Le Roi n'était jadis qu'un guerrier valeureux,
Le plus brave souvent, sinon le plus heureux.
Choisi par ses soldats, il devait être digne
De les représenter. C'est un honneur insigne
D'être l'élu d'un peuple et de le commander,
Mais aussi du péril de savoir le garder.
C'était donc un soldat expert en toutes armes,
Qui voulait vaincre et qui ne craignait ni les larmes,
Ni les cris des vaincus, ni même les remords,
Et comptait ses succès en dénombrant des morts.

C'était un chef, surtout ; les héros pour modèle
Le prenaient dans la lutte, et s'il était fidèle
A ses mâles vertus, à son suprême honneur,
Ses sujets le servaient même dans le malheur.
Son règne, cependant, c'était toujours la guerre ;
Il la faisait sans cesse et partout sur la terre ;
Plus elle était cruelle et plus haut son renom,
Et plus grand son orgueil, plus glorieux son nom.

On le reconnaissait au casque, à la cuirasse.
Il était, au combat, à la plus belle place,
Son armure brillait sous l'or et le vermeil,
Pour prouver qu'il était, en audace, pareil
A l'aigle qui défie, en sortant de son aire,
Le soleil flamboyant, le ciel et le tonnerre.

Son regard était fier ; son bras était puissant
Et quand il le levait, c'est qu'il fallait du sang.
Tous les coups qu'il portait étaient des coups de maître
Et l'homme qu'il frappait ne devait pas renaître.
S'il rendait la justice, il le faisait sans Loi ;
Son cœur la lui dictait parce qu'il était Roi ;
Et quand il servait Dieu, c'était pour sa victoire,
Pour qu'il guidât son glaive en lui donnant la gloire !

Ils ont tous disparu, ces rois, ces rois élus,
Et la Terre depuis longtemps n'en connaît plus.
Bonaparte, pourtant, voulut se faire élire
Et c'est pourquoi les rois ont brisé son empire.

Il leur convenait mieux, pour leur ambition,
De plier toute loi, toute religion,
A voir en eux de l'homme un indomptable maître
Que, par un droit divin, l'homme doit reconnaître.

Si, parmi tant de rois, on compte des tyrans,
On compte aussi des chefs qui furent vraiment grands.
L'hérédité, qui place au hasard les couronnes
Et peut même amener des femmes sur les trônes,
A tout bouleversé. Ce ne sont plus des rois ;
Ce sont des héritiers, se disputant parfois,
Et l'on a vu régner des fous, des misérables,
Des monstres, des bâtards, surtout des incapables.

Saluons, cependant, ce passé déjà vieux ;
Il fut souvent fécond et souvent glorieux ;
Il fit les Nations et notre belle France
Lui doit aussi son nom, sa force et sa science.
Mais saluons aussi le régime nouveau,
Quoique beaucoup de sang ait souillé son berceau,
Car les peuples, mûris par les longues épreuves,
Ont voulu de leur force aussi donner des preuves ;
Et c'est ainsi qu'ils ont conquis la Liberté
Qui replace en leurs mains toute l'autorité,
Qui supprime le trône ou le met en tutelle
Et qui prépare au Monde une ère vraiment belle
Si les hommes égaux par le sang, par la Loi,
Savent aussi régner par la force du Droit.

Etre libre ! Pouvoir penser, parler, écrire
Selon sa conscience et, sans entraves, dire
Ce qui vient à la lèvre en remontant du cœur !
Travailler quand on peut le faire avec honneur.
N'accepter aucun maître ou le choisir soi-même ;
S'unir à ses amis ; assister ceux qu'on aime
Et toujours accepter pareils droits pour autrui :
Telle est la Liberté qu'on proclame aujourd'hui !

O vous, peuples teutons, qu'on nourrit de mensonges,
Vous ne la voyez pas même encor dans vos songes,
Car vos maîtres sont en même temps vos tyrans.
Ils gouvernent sans vous, vous prennent vos enfants,
Votre argent, pour mener leur guerre criminelle
Dont ils vous ont caché la cause originelle.
Ils vous cachent surtout ce qu'est la Liberté,
Vous disent : « C'est un mot, mais en réalité
Leur liberté ne rend pas l'homme vraiment libre. »

Ce n'est qu'un mot ! C'est vrai, mais c'est un mot qui
                                 [vibre,
Qu'on sent là, dans le cœur, et là, dans le cerveau ;
Il excite, il enflamme ; il est noble, il est beau.
Ce n'est qu'un mot ! C'est vrai, mais c'est un mot su-
                                 [blime;
Si saint qu'en l'étouffant on peut commettre un crime ;
Que les tyrans, les rois, les princes, en ont peur
Et qu'il peut faire aussi trembler votre empereur.

Ce n'est qu'un mot ! C'est vrai, mais quand on meurt
[pour elle,
On sent bien qu'elle existe, idéale, immortelle ;
Que, seule, la Raison limite son pouvoir
Parce qu'elle enfanta le Droit et le Devoir !

De cette Liberté, vous ne connaissez rien,
Car vous obéissez comme obéit le chien.
On vous dit : « Levez-vous, nous partons pour la guerre »
Et vous vous dirigez en hâte à la frontière.
On vous dit de brûler et vous mettez le feu ;
On vous dit de voler et vous pillez un peu.
Et l'on vous fait chanter sur les places publiques
Et sur les grands chemins, vos chansons, vos cantiques,
Comme au cirque l'on fait danser les éléphants
Pour occuper les grands, amuser les enfants.

Sous le soleil levant, on vous montre une ville ;
On vous dit : «C'est Soissons, Arras, ou Reims, ou Lille ;
Vous allez la détruire », et bientôt le canon
Fait son œuvre et, pourtant… personne ne répond.
Vos chefs n'ignorent pas que la ville est ouverte ;
Mais ils ont décidé que ce serait sa perte,
Quand le fer et le feu ont eu raison de tout
Et qu'il ne reste plus un pan de mur debout,
On vous dit : « Allez-y, c'est une forteresse ».
Vous allez et le soir, vous lisez dans la presse
Que vous avez pris Lille… après un rude assaut,
Alors que vous l'aviez déjà deux mois plus tôt.

Ce n'est là qu'un exemple ; on peut en citer mille,
Car votre obéissance est sans limite et vile.
On vous dit de tuer et vous donnez la mort
Aussi bien au pêcheur qui regagne le port
Qu'à la femme qui prie, au doux enfant qui pleure.
Pour vous, le choix n'importe et pourvu que l'on meure
Le Maître est obéi, l'ordre est exécuté.....
Et vous ne connaissez pas d'autre vérité.

Mais on peut obéir sans manquer de courage.
Quand on vous dit : « Luttez », vous luttez avec rage,
Et si l'on vous ordonne, à la fin, de mourir,
Vous ne refusez pas votre dernier soupir
Et, sans savoir pourquoi vous mourez, il s'exhale
Dans un hoquet final, dans un suprême râle.

— Nous, nous voulons savoir pourquoi nous nous bat-
                                        [tons
Et c'est en raisonnant que nous obéissons.
Nous en sommes moins forts, mais nous sommes plus
                                        [braves.
Nous luttons en lions ; vous, comme des esclaves,
Et quand vous triomphez, c'est que votre empereur
N'a pas compté les morts pour demeurer vainqueur.

L'aveugle discipline a fait votre puissance ;
Il vous fallait cela pour attaquer la France
Et vous l'auriez vaincue, hélas ! sans ses amis.
Mais quand vous les voyez contre vous réunis,

Ne comprenez-vous pas que le Monde se lève
Parce que, sans pudeur, vous menacez son rêve
De concorde, de paix et de fraternité,
Dont la première étape est cette Liberté
Que l'on ne connaît pas encor dans votre empire
Et que, partout ailleurs, tout l'Univers respire.

3 Novembre 1917.

LA CONFESSION DE L'EMPEREUR

L'Empereur était seul. Il s'était isolé,
Peut-être pour prier, peut-être pour écrire.
Son regard était sombre et paraissait voilé ;
Ses lèvres se crispaient comme s'il voulait dire
Une parole amère ou retenir un cri ;
Et son front, se plissant, donnait à son visage
Un air très fatigué, morne et même flétri.

L'empereur était seul. Ce n'était pas l'usage ;
Mais il avait voulu, cette fois, ne rien voir
Qui pût lui rappeler la Cour ou la famille,
Car il avait besoin, —précisément ce soir —
D'interroger son âme, et c'est très difficile
Quand on est entouré, comme doit l'être un roi
Pour paraître plus grand et plus puissant qu'un homme.

C'était l'homme, ce soir, qui de très bonne foi
Songeait à se juger et voulait faire, en somme,
Une confession ; fouiller dans le passé,
Dans les replis du cœur, scruter sa conscience,
Ranimer dans le calme un esprit qu'ont lassé
Les égards, les serments et la condescendance
De courtisans toujours enclins à flagorner,

Pour que de la lumière, en pénétrant son âme,
Lui montre s'il était digne de gouverner
Ou bien s'il méritait le dur surnom d'infâme.

L'empereur était seul, assis, les yeux mi-clos ;
Il semblait accablé, les coudes sur la table,
Et n'avait rien alors d'un maître ou d'un héros.
C'était tout bonnement un homme misérable,
Comme le sont souvent ceux qui devant la mort
Refont, en se jugeant, le long pélerinage
Qui, partant du berceau, doit les conduire au port,
A ce port inconnu qu'il faut avec courage
Aborder ou gagner en luttant ou priant,
Au port mystérieux dont la lointaine rade
N'a ni flamme, ni feu, ni phare éblouissant,
Et dont on n'entrevoit la douteuse estacade
Qu'aux lueurs d'une foi qui, par malheur, ne peut
Prodiguer sa lumière — ou l'éteindre, peut-être ? —
Qu'après qu'on a déjà rendu son âme à Dieu.
— L'homme est un ignorant qui voudrait tant connaî-
                                        [tre. —

L'empereur était seul. Une grande écritoire
Attirait son regard qui semblait soucieux.
L'objet avait sans doute une émouvante histoire,
Car des larmes, soudain, lui mouillèrent les yeux...
Un encrier d'airain doublé de porcelaine
Et sur un socle en marbre un aigle tout en or,
Est-ce là ce qui peut motiver telle peine ?

L'aigle n'est pas le sien et ce n'est qu'un décor ;
Il est là, le front haut, les ailes déployées ;
Dans ses serres il tient, en faisceau, des éclairs,
Pour rappeler qu'il sait dominer les nuées,
Défier le soleil et maîtriser les airs.
C'est un symbole aussi, symbole de la force,
De l'honneur, du courage, emblême des vaillants.

Cet aigle, c'est celui qui partit de la Corse
Pour planer sur l'Europe et qui pendant vingt ans
Fit à la fois trembler et palpiter le Monde.
C'est l'aigle que la France a nourri de son sang,
Qui la fit glorieuse et la voulait féconde ;
C'est l'aigle impérial, un aigle triomphant
Que n'a jamais souillé rien de vil, rien de lâche,
Qui regardait en face et qui, loyal et sûr,
Méprisait l'ennemi qui ment ou qui se cache
Et ne pouvait tomber que de haut... de l'azur !

L'empereur méditait. Il interrogeait l'aigle ;
Non pas le bijou d'or, l'Autre, dans l'au-delà.
Lui dont la majesté n'accepte aucune règle
Et ne veut qu'ordonner, il songeait, ce soir là,
A l'Empereur vaincu jadis par l'Angleterre,
Par la Prusse, l'Autriche et par l'empire du Tsar,
Après quinze ans de lutte ensanglantant la terre,
Et semblait demander.... un conseil à César.

L'empereur attendait la réponse de l'Ombre
Qu'il redoutait encor d'évoquer par son nom.
Son teint devint livide et son regard plus sombre
Quand tout à coup parla le grand Napoléon :

« Ton aigle, à toi, Guillaume, est un oiseau de proie ;
« Il est fort, mais n'est pas véritablement grand.
« Il n'abat point, il brise. Il ne vainc pas, il broie.
« Ce n'est pas de l'honneur qu'il veut, mais c'est du
[sang.

« Dans ses serres il tient, non pas de la lumière,
« Mais la schlague de cuir, le couteau du bandit.
« Ce n'est pas dans le roc qu'il a placé son aire ;
« Il vit comme un goujat vautré dans un bon lit.

« Il lutte sur la terre et non pas sur les cîmes ;
« Pour le combat loyal, il n'est pas décidé ;
« Il ne veut pas de gloire, il lui faut des victimes
« Et comme le chacal, il vit de faisandé.

« Il veut de la misère, il veut de la souffrance,
« Et c'est bien malgré lui qu'il s'expose à mourir...
« Tandis que l'aigle fier et noble de la France
« Pour sauver son Pays aurait voulu périr.

« Si tu pouvais venir un jour aux Invalides,
« Tu trouverais mon cœur sous le dôme doré.
« Je suis étendu là, les yeux morts, les mains vides,
« Mais j'ai semé l'Espoir, et je fus adoré.

« Entouré des drapeaux que je conquis naguère,

« J'évoque devant Dieu tous mes désirs de paix,
« Tandis que toi, tu fais traîtreusement la guerre
« Pour enrichir plus tôt tes fils et tes laquais.

« Mon Pays ne voulait que vivre un peu plus libre ;
« Mais de la Liberté tous les rois ont eu peur.
« Si j'ai franchi le Rhin, la Moskowa, le Tibre,
« C'est parce qu'ils visaient la douce France au cœur.

« Pour Elle, j'ai lutté comme on défend sa mère,
« Et cette mère avait de si braves enfants
« Que l'Histoire dira pour toujours à la Terre
« Que leurs combats étaient des combats de géants.

« Ecoute, ô pauvre roi, ce que je vais te dire ;
« C'est une âme qui parle — et de l'autre côté — :
« Tu voulus comme moi régner dans un Empire,
« Commander des soldats, être une Majesté,
« Et peut-être, en éclat, dépasser ma mesure ;
« Mais si tu t'es trompé, ce n'est pas comme moi.
« Je suis sorti du rang ; ma jeunesse fut dure
« Et si mon sang bouillait, j'étais de bonne foi.

« Comme le vin du Rhin, la gloire aussi nous grise
« Et j'eus tort, oui grand tort, de vouloir échanger
« Contre un manteau royal ma redingote grise
« Que les Français aimaient, que craignait l'Etranger.

« Quand je l'eus ce manteau, riche et semé d'abeilles,
« Je sentis qu'il pesait sur moi comme un fardeau,

« Qu'il étouffait mon cœur, qu'il bouchait mes oreilles,
« Et je n'ai respiré... qu'après Fontainebleau !

« Oui, quand j'eus déposé la pourpre impériale,
« Rendu le diadème et le lourd sceptre d'or,
« J'ai compris que ma faute avait été fatale
« Et que l'ambition avait troublé mon sort.

« Si j'étais demeuré chef de la République,
« J'aurais pour mon Pays dicté les mêmes lois,
« Fait les mêmes efforts, la même politique,
« Et n'aurais par traîné le lourd boulet des rois.

« Je n'aurais pas, surtout, subi leur jalousie
« Qui fut funeste, hélas ! à mon noble Pays,
« Et l'on n'aurait pas vu l'étrange tragédie
« De l'Aigle s'effaçant devant la fleur de lys...

« Mais j'aimais trop la Gloire, et j'aimais trop la Fran-
[ce.
« Après un court exil, fatigué de repos,
« Je revins plus ardent, le cœur plein d'espérance,
« Pour imposer la Paix, rendre l'Aigle aux drapeaux.

« Et la horde des Rois, hurlant comme une meute,
« A repris le combat contre moi sans merci ;
« L'Europe se ligua, comme en un jour d'émeute
« Tout ce qui veut le mal peut se liguer aussi.

« Revenu pacifique, on m'imposait la guerre
« Rien que parce que l'Aigle avait repassé l'eau

« Et parce que l'enfant avait rejoint sa mère.
« Je les battais, pourtant, encore à Waterloo,
« Quand Blucher, ton Blucher, apparut dans la plaine
« A l'heure où le succès allait m'appartenir...
« Dieu donna ce jour-là la victoire à la Haine.
« Il fit cela pour moi, hélas! pour me punir. »

— Et moi ? dit l'Empereur d'une voix qui détone...
Il vit devant ses yeux passer comme un éclair.
L'aigle d'or, devant lui, n'avait plus de couronne
Et sur ses deux yeux clos son front n'était plus fier.

Et moi? répéta-t-il, en des accents plus grêles,
Anxieux, tout ému, frissonnant d'être seul...
— L'aigle d'or, sur la table, a replié ses ailes ;
Il apparaît drapé comme dans un linceul.

Et moi ? dit l'Empereur, articulant à peine,
Comme si le frisson avait gagné le cœur.
— L'aigle d'or se mua en un hibou d'ébène...
Et l'homme murmura : Hélas ! c'est le malheur.

6 Novembre 1917.

A L'ABRI DU DANGER

J'ai reçu ce matin cette très courte lettre :
« Ton fils Louis va bien. A l'abri du danger. »
— A l'abri du danger ? Mais où donc peut-il être ?
La guerre fait fureur en France, à l'étranger ;
Depuis plus de trois ans, elle agite la terre ;
Le Monde est épuisé par de sanglants combats
Et l'Europe n'est plus qu'un vaste cimetière.

Quand tous les peuples ont appelé leurs soldats,
Se pourrait-il qu'il ait... Oh! non, c'est impossible.
Il a moins de trente ans, sait bien boire et manger ;
Il était bon sergent, bon tireur à la cible ;
Il est grand, il est fort, sait danser et nager,
Il a tout ce qu'il faut pour faire un militaire.
Et puis, c'est un bon fils, il ne mentait jamais ;
S'il s'était dérobé, il saurait me le taire.
Je suis sûr qu'il est brave et qu'il est bon Français.

Serait-il réformé ? mutilé ? — Oui, sans doute,
Il a pu, dans la lutte, en faisant son devoir,
Montrer ce qu'il valait. Le Destin, sur sa route,
L'aura, pour le sauver sans le faire déchoir,
Frappé comme un héros, marqué d'une blessure.
Il a peut-être un œil, un pied, un bras de moins ?

Mais, s'il vit, cette tare est une preuve sûre ;
Cicatrice ou moignon, ce sont là des témoins
Du devoir accompli, sinon de la vaillance ;
Et cette infirmité, c'est une croix d'honneur
Qui décore un soldat, au prix d'une souffrance,
Plus vite et mieux encor qu'un ruban de couleur.

Alors, pourquoi ne pas simplement me le dire ?
Quatre mots suffisaient : « Blessé, guéri, vais bien ».
La lettre était plus courte et plus facile à lire,
Tandis qu'en disant plus, il ne me disait rien.
Il ne redoutait pas d'affliger une mère,
Puisque la sienne est morte, hélas ! depuis vingt ans.
Il savait qu'il pouvait renseigner son vieux père
Sans rien dissimuler et sans ménagements,
Car je n'ai pas manqué, je crois, de ce courage
Que l'homme aux cheveux gris puisa dans la douleur
Et qui lui donne la force, au déclin de l'âge,
D'envisager la mort sans faiblesse et sans peur.

A l'abri du danger ? — Mais il est mort peut-être ?
Un message transcrit, ce n'est pas un témoin
Et dix mots seulement, ce n'est pas une lettre.
Qui donc aurait bien pu ressentir le besoin
De me tranquilliser par un si sot mensonge ?
Depuis plus de trois ans que j'attends anxieux,
Qui pourrait deviner le chagrin qui me ronge ?
Personne n'a pu voir des larmes dans mes yeux,

Et c'est pourtant la mort dans l'âme que je veille
En songeant à mon fils. Je pleure sans témoins ;
Nul n'a pu soupçonner une douleur pareille....
Et puis, mentir, pourquoi ? Souffrirais-je donc moins
Le jour où j'apprendrais que, par un subterfuge,
On m'a laissé l'espoir de revoir mon enfant,
Quand la tombe, déjà, lui servait de refuge ?
Oui, je veux le revoir, mais le revoir vivant
Et si la terre, hélas ! sur lui s'était fermée,
Inutile ici-bas, je formerais des vœux
Pour le rejoindre avec sa mère bien aimée,
Plutôt que de languir solitaire sans eux.

Un embusqué ? — Oh ! non. Je ne veux pas le croire.
Avec son regard franc, ses yeux vifs, son front haut,
Avec sa belle taille et sa moustache noire,
Il a l'air trop viril — l'air d'un homme, en un mot, —
Pour ressembler jamais à quelqu'un qui se cache,
Au pleutre qui ne sait s'aligner dans le rang,
Qui pour demeurer sauf peut devenir un lâche
Et qui sauve sa vie en la déshonorant.

L'embusqué, c'est celui qui craignant la fatigue,
La faim, le froid et tous les risques des combats,
Préfère demander à la ruse, à l'intrigue,
Une protection qui ne l'expose pas.
C'est celui qui renonce à sa part de souffrance
Et qui, pour s'épargner des battements de cœur,

Refuse un peu de sang à la vaillante France
Quand tant d'autres pour elle ont donné tout le leur.
Déserter, c'est parfois un acte de folie ;
Il expose à mourir ; on y risque sa peau
Et celui qui s'enfuit se couvre d'infamie
Et renonce à l'honneur, à ses droits, au drapeau,
Tandis que l'embusqué voudrait qu'on légitime
La lâche trahison qui l'abaisse à jamais,
Cette désertion qui n'est rien moins qu'un crime
Et qu'il voudra nier quand reviendra la paix.

On le reconnaîtra, celui-là, dans la foule,
Et quand il mentira pour se dissimuler,
On lira dans ses yeux qu'il a la chair de poule.
On le verra rougir, on le verra trembler....
Et si, dans son regard, rien ne luit, rien ne bouge,
On devinera bien qu'il a, comme un Judas,
Quitté la veste bleue et le pantalon rouge
A l'heure où nos enfants ne se dérobaient pas.

Non ! le mien, j'en suis sûr, n'est ni traître, ni lâche.
« A l'abri du danger » veut dire : « Ne crains rien,
Je suis où le devoir m'appelle, et si je tâche
De te garder ton fils, c'est en agissant bien. »

Le vrai danger, là-bas, c'est la tentation
Que l'homme peut avoir d'hésiter ou d'attendre
Quand il faudrait agir ; ou bien l'émotion
Paralysant les nerfs quand il faudrait les tendre,

Emotion qui fait que l'on claque des dents
En face d'un péril ou devant un obstacle,
Alors que le sang-froid prévient les accidents
Et permet d'éviter la chute ou la débâcle.

On peut trembler ainsi sans manquer à l'honneur.
Un soldat peut avoir des moments de faiblesse,
Car le cerveau n'est pas toujours maître du cœur.
Quand on voit la mitraille emporter la jeunesse,
Il est permis d'avoir des larmes, des frissons...

Tremble donc, ô mon fils, au fond de la tranchée,
Si ton âme est sensible auprès des moribonds ;
Pleure en voyant les morts et la terre tachée
De tout le sang vermeil que la haine répand.
Gémis même tout haut, si ta gorge oppressée
Se serre d'un émoi, d'une douleur d'enfant.
Sans doute, on te plaindra ; mais, la crise passée,
On reverra tes yeux limpides, clairs et francs ;
Tu pourras mieux viser, regarder bien en face ;
Tu pousseras des cris et des vivats vibrants ;
Tu te retrouveras plein d'entrain, plein d'audace,
Et si la Mort, alors, doit passer sur ton front,
T'emporter pour jamais, faucher mon espérance,
Tu l'attendras debout, sans remords, sans affront
Et ton dernier soupir aura servi la France !

26 Novembre 1917.

" La Sentinelle a fait son devoir..... un peu vite ! "

La brute mit en joue et, presque à bout portant,
D'un seul coup de fusil elle abattit l'enfant.

L'enfant ! car c'en est un de dix-huit ans à peine.
Il ne connaissait rien des calculs de la haine
Et faute d'avoir pu quitter à temps ces lieux,
Il était leur esclave, il travaillait pour eux.

Etre jeune et robuste et savoir que la France
A besoin de soldats ; que pour sa délivrance
Elle demande à tous leurs bras, leurs nerfs, leur sang,
Et rester non loin d'elle inactif, impuissant,
C'est déjà douloureux pour l'ardente jeunesse.....
Mais quitter sa demeure, un logis où l'on laisse
Une mère, des sœurs, des parents, des amis,
Pour plier sous le joug des tyrans ennemis
Et creuser avec eux des abris.... ou des tombes,
Des réduits pour loger les obus et les bombes
Qu'ils amassent en hâte, au prix de mille efforts,
Pour couvrir le pays de blessés et de morts,
C'est, pour le patriote, un bien cruel supplice.

Ils l'ont imaginé ; il faut qu'on le subisse.
Et l'enfant, dont le père est de l'autre côté,
De l'infâme labeur n'était pas exempté.
Malgré les démentis des hordes scélérates,
Il faisait des talus, des forts, des casemates.....

Tous les hommes, hélas ! ici sont condamnés
A faire sans répit ce métier de damnés.
Ils ont bien protesté — pour l'honneur de la France —
Mais on leur imposa l'inique obéissance,
Décuplant leurs regrets de n'être pas soldats,
Comme au bagne on impose un travail aux forçats.

Le jeune homme, au labeur, près de lui, sur la route,
Voit passer une femme. Il l'appelle ; elle écoute.
Elle allait au village où les siens anxieux
L'attendent dans l'espoir de jours moins malheureux.
Et lui, songeant alors à consoler sa mère,
Chargeait de tous ses vœux la pauvre messagère :
« Vous irez, disait-il, en passant, chez maman ;
« Vous direz que je suis solide, bien portant,
« Que pour moi l'on est bon et qu'elle ne doit craindre
« Rien qui donne sujet de pleurer ou de plaindre ;
« Que je suis bien nourri, — or, il mourait de faim —
« Que le travail, bientôt, va toucher à sa fin..... »

— On commençait alors une longue tranchée. —
La femme comprenait ; elle était très touchée
Et s'apprêtait à faire un mensonge pieux
Pour que la mère ait moins de larmes dans les yeux
En pensant que son fils vivait à la campagne
Et travaillait aux champs... quand il était au bagne.

« Travaillez » s'écria l'un des geôliers soldats
Dans ce rude jargon que nous n'entendons pas.
L'ouvrier tressaillit, sans détourner la tête.
Il n'avait plus qu'un mot à dire : « Pour sa fête,
« Embrassez, cria-t-il, Madeleine pour moi. »
— « Travaillez » répéta le soldat sans émoi.
— « Vous lui direz que je lui suis toujours fidèle,
« Que je l'aime et voudrais bientôt être près d'elle...»

La brute mit en joue et, presque à bout portant,
D'un seul coup de fusil elle abattit l'enfant.

Ils l'ont mis dans un sac, un sac en toile grise,
Et l'ont porté là-bas, sans passer par l'église,
Au fond du cimetière où, sans nous, comme un chien,
Ils l'auraient enfoui, sans croix, sans fleurs, sans rien.
Mais la mère savait que son fils Dominique
Etait... assassiné et, sauvage, stoïque,
Elle le réclamait. Elle voulait l'avoir,
L'ensevelir, prier à son chevet, le voir
Et le donner à Dieu comme un suprême gage
De la robuste foi qu'elle avait en partage.

Les supplications, les larmes, les sanglots,
Ne pouvaient attendrir les âmes des bourreaux.
Ils savent ricaner devant notre misère
Et ne comprennent pas la douleur d'une mère.
Des serres du vautour ou des crocs du chacal
On ne peut arracher l'agneau ou le cheval ;
Et l'homme quand il tient sa proie est plus atroce
Que l'oiseau de malheur et la bête féroce.

Pour qu'on rende l'enfant à la pauvre maman,
Pour qu'on puisse lui faire un saint enterrement,
Il fallut consentir... Mais à quoi bon le dire ?
Le Monde tout entier s'est ligué pour maudire
Un peuple qui n'a plus, hélas ! d'autre souci
Que d'être le plus fort, le plus cruel aussi,
Et qui, las de verser du sang pour qu'on l'abhorre,
Veut avant de céder en verser plus encore.
Inutile, partant, pour un crime de plus,
De rappeler tous ceux qu'ont commis leurs obus
Et les crimes plus grands de leur hypocrisie.

Dominique est chez lui. Un peu de poésie
Flottera sur son front ; les larmes, la prière,
Se mêleront bientôt aux sanglots de la mère.

Ils ont rendu l'enfant ; ils ont repris le sac,
Qui servira demain pour porter au bivouac

Les choux-raves, le suif, les pots de marmelade…
Et si l'odeur du sang leur paraît un peu fade,
Si leur cœur se soulève en voyant sa couleur,
Ce sera de songer que, peut-être, le leur
Coulera jusqu'au bout sans réelle victoire,
Sans leur laisser l'honneur à défaut de la gloire.
Point de pleurs dans leurs yeux ; dans l'âme nul remords.
Ils sont las de compter et recompter les morts,
Semblables en tous points au tyran qui les mène
Et qui, près des tombeaux, souriant se promène
En attendant que Dieu, dont il se croit l'égal,
Le convoque à son tour devant son tribunal.

Dans la rue où, la nuit, rien ne luit, rien ne bouge,
La petite maison avec son long toit rouge,
Son étage tout blanc, le bas drapé de bleu,
Cachait le désespoir et ressemblait un peu
A quelque grand drapeau tricolore de France
Abritant la douleur, le deuil et la souffrance.
La foule s'assemblait, se déversait à flots
Et le silence était rompu par des sanglots.
Un rayon de soleil éclairait cette scène.
Personne ne parlait du meurtre et de la haine ;
On pleurait simplement. Et quand le prêtre vint,
Tous les fronts s'inclinaient devant le droit divin,
Maître de nos destins, qui nous prend à tout âge,
Fauchant comme au hasard le coupable ou le sage;

Le juste ou l'impudent, le vieillard ou l'enfant,
Sans laisser deviner ni le lieu, ni l'instant
Où sa justice, enfin, se dira satisfaite,
Ni si ce jour sera jour de deuil ou de fête.

Dominique est parti ; ses amis l'ont porté
Vers l'église où, bientôt, par la foule escorté,
Il repose étendu entre de petits cierges,
A défaut des flambeaux qu'on fait de cire vierge.
L'automne n'a laissé que de tristes bouquets ;
Une couronne blanche exprime des regrets ;
Mais dans les yeux de tous on devine les larmes,
Sur les lèvres les vœux, dans les cœurs les alarmes.
Tout le village est là ; mais il est prisonnier.
Parler est interdit, tout bas on doit prier.
Plus de cloche là-haut et l'orgue doit se taire
Pour obéir encore à l'ordre militaire.
En silence on se rend là-bas, au champ des morts...
Seule, la glaise a dit, en tombant sur le corps,
L'adieu, le dernier mot de cette tragédie
Et la terre, bientôt, sur lui s'est engourdie.

L'ennemi, cependant, paraît s'être caché.
Aucun ne s'est montré, nul ne s'est approché.
On n'a pas même vu promener sur la place
La garde qui, le jour, toujours passe et repasse.
Rendons grâce à ce tact, car s'il n'est qu'apparent,

Il nous a délivrés tout au moins du tourment
De voir auprès du mort l'assassin plein de haine
S'incliner comme s'il partageait notre peine.....
S'ils ne se montraient pas, ces hommes bas et faux,
Nous les devinions bien derrière « nos » rideaux.
Ils ont pu nous compter, réfléchir et se dire :
« Si pour un pauvre enfant qui subit le martyre
« Ils sont là tous, unis, debout devant la mort,
« Que feront-ils demain si, las de notre effort,
« Nous abaissons pour eux la sanglante barrière ?
« Nous aurons devant nous — ou peut-être derrière —
« La France tout entière, aussi prompte à venger
« Ses morts qu'à les pleurer et qui veut échanger
« Contre d'autres trépas un peu de notre plaine.
« Ne lui rendrons-nous pas l'Alsace et la Lorraine ? »
S'ils ne le disent pas, c'est nous qui le dirons.
S'il faut aller là-bas, tôt ou tard nous irons.
Nous voulons notre Alsace et la glèbe messine,
Et comme l'on nous rend l'enfant qu'on assassine,
On nous rendra bientôt la terre — avec du sang —,
Nous voulons notre France au complet, à son rang.
Il le faut pour l'honneur de notre République.
Alors nous reviendrons saluer Dominique ;
Nous couvrirons de fleurs la dalle du tombeau
Et nous sortirons tous, ce jour-là, le drapeau !

En attendant, pour eux, la cause est entendue.
Le coupable est jugé, la sentence est rendue ;
Mais le coupable, c'est.... Dominique. Et leur chef,
En nous le déclarant, ajouta d'un ton bref :
« La sentinelle a fait son devoir... un peu vite. »
Un peu vite ! Monsieur. Faut-il donc qu'on hésite ?
Quand on fait ce qu'on doit, ce n'est jamais trop tôt ;
Si c'était le devoir, « un peu vite » est de trop.
L'homme armé jusqu'aux dents à qui vous osez dire :
« Tu préviendras deux fois, à la troisième tire »,
Et qui, sans sourciller, brise un crâne innocent,
Sans même oser tenter un autre mouvement,
Incarne bien la force implacable qui brise ;
Mais pour nous c'est un monstre et sa tunique grise
Est la livrée infâme et vile d'un bandit.

Vous ordonnez chez vous ce que l'on interdit
Partout ailleurs. Chez nous la lâche sentinelle
Qui malmène un civil ou brûle une cervelle
« Un peu vite » comme vous le dites si bien,
Passerait en justice. On n'épargnerait rien
Pour saluer le mort, honorer la victime,
Tandis que vous savez récompenser le crime ;
Et si vous décoriez demain, pour ce trépas,
L'assassin, cela ne nous étonnerait pas.

En France, pour un tel retard d'obéissance,
Notre petit soldat, très fier de sa puissance,
Aurait pris par le bras l'indocile ouvrier.
Que dis-je ? Il aurait bien accepté d'envoyer
Le baiser de l'enfant à la mère éplorée...
Et peut-être aussi l'autre à l'amante adorée.

Quand le soldat, chez nous, retarde son devoir,
C'est qu'une larme peut l'empêcher de le voir,
Que le cerveau n'est pas toujours plus fort que l'âme
Et que le cœur aussi, parfois, cède à la flamme...
Et s'il *devait* tirer, il tirerait en l'air,
Comme on fait en duel quand on est brave et fier
Et qu'on sent qu'on ne peut arracher une vie
Pour un semblant de haine ou pour un peu d'envie.

Vous massacrez trop tôt ; nous punissons trop tard
Et sommes, pour tuer, toujours très en retard.
Voilà, Monsieur, voilà toute la différence
Entre votre soldat et le soldat de France.

1er Décembre 1917.

UNE HISTOIRE DE PIGEONS

« Oh ! père, regarde, j'ai trouvé ce panier
« Au retour de l'école, en suivant le sentier.
« Il était dans le champ, près du mur de l'étable ».
Et l'enfant déposait son butin sur la table.

Le père, qui fumait sa pipe au coin du feu,
Regardait son enfant et souriait un peu
De le voir curieux, auprès de sa trouvaille,
Comme un petit fripon que le désir tenaille.

« Reporte ce panier où tu l'as ramassé »,
Dit le père à son fils. « Tu t'es trop empressé.
« Quelqu'un l'a posé là qui viendra le reprendre ;
« S'il ne le trouve pas, il ne pourra comprendre
« Et nous accusera de l'avoir dérobé ».

L'enfant, tout déconfit, demeurait absorbé.
« Vois donc, père », dit-il, courbant sa tête blonde
Et désignant du doigt une baguette ronde
Passant dans quatre œillets : « En tirant ce bâton,
« Le couvercle se lève et l'on voit… Que voit-on ?

« Regarde. Une ficelle, un cordon bleu, blanc, rouge...
« Ecoute, l'on croirait que quelque chose bouge... ».

— « Bleu, blanc, rouge, dis-tu », fit l'homme en se levant,
« Les couleurs de la France. En es-tu sûr, enfant ? ».
Le père s'approcha, souleva la corbeille,
Regarda de plus près, approcha son oreille,
Puis soudain, très ému, dit : « Va chercher Maman »...
— Et la mère, bientôt, revient avec l'enfant.
Elle écoute à son tour. Ils hésitaient encore.
« J'entends », dit-elle enfin, « un oiseau qui picore ;
« On ne peut le laisser mourir dans ce panier.
« Allons, vite, petit, il faut le délier ».

Le gamin dénoua le cordon tricolore ;
La mère retira le bâton pour déclore
Le petit panier brun, et le père, à son tour,
Souleva le couvercle et s'approchant du jour
Il trouva, bien en vue, une grande étiquette
Qu'il lut avidement. Puis, la mine inquiète,
Il dit tout simplement : « Ce colis est pour moi.
« Allez l'enfant, la mère, et soyez sans émoi.
« Je sais bien maintenant ce que je dois en faire.
« J'ai besoin d'être seul et... vous devez vous taire.
« Tout à l'heure, j'irai reporter le panier
« Dans le champ, puis alors il faudra l'oublier. »

L'enfant, très intrigué, partit avec sa mère.
Le père, resté seul, silencieux, sévère,
Entreprit aussitôt un étrange labeur
Qui, sans grand mouvement, le mit tout en sueur...
Cela se termina par un bruissement d'ailes,
Une fenêtre ouverte et... des transes nouvelles.

L'homme était déprimé. Pour se réconforter,
Il ralluma sa pipe et puis, sans se hâter,
Prit le petit panier demeuré sur la table
Et s'en fut le poser près du mur de l'étable.
En s'aidant d'une bêche, il effaça les pas
Et revint près du feu, très content, mais très las.

Quand la mère, à son tour, vint reprendre sa place,
Elle dit : « Qu'as-tu fait ? » Mais lui, très peu loquace,
Mit un doigt sur sa bouche et, poussant un soupir,
Répondit simplement : « Attendons l'avenir. »
Et quand l'enfant rentra, la mine fraîche et rose,
On lui fit oublier... en parlant d'autre chose.

*

L'avenir, pour ces gens, ne devait pas tarder.
On vint, trois jours après, à la porte frapper :
Un sergent arrogant et quatre hommes en armes,
Précurseurs de l'orage et, sans doute, des larmes,
« Nous venons », dit le chef, dès que s'entr'ouvrit l'huis,

« Par ordre militaire, arrêter Jean-Louis ».
— « Jean-Louis », s'exclama la pauvre ménagère,
« C'est mon mari, Monsieur ; mais il n'a rien pu faire
« Qui puisse motiver une arrestation.
« On s'est trompé, sans doute, et l'accusation,
« Dès que vous le verrez, tombera d'elle-même. »

Jean-Louis, sur le champ, entrait, calme, mais blême ;
Etant dans la maison, il avait entendu.....
Il devinait, hélas ! et se sentait perdu.
— « Ne crains rien, pauvre amie, il faut que je les suive »,
Dit-il à sa compagne, « et sois sur le qui-vive ;
« Je reviendrai bientôt, car je suis innocent. »
— « Vous êtes arrêté », déclara le sergent,
« Mais je dois prendre aussi la femme Mariette. »
— « Moi », dit l'épouse. Eh ! bien, prenez-moi, je suis prête
« A suivre mon époux pour partager son sort.
« Je ne discute pas si j'ai raison ou tort ;
« Mais laissez-moi le temps de dire à la voisine
« De garder mon petit. » — « Attendez, je termine »,
Dit en se rengorgeant le sergent arrogant,
« Car je dois arrêter votre fils Ferdinand. »
— « Le petit ! Oh ! Monsieur. Non ! Non ! c'est impossible :
« Mais ce n'est qu'un enfant, il est faible et sensible.
« Songez qu'il n'a pas même encore ses dix ans.
« A moins que ce ne soit pour suivre ses parents,
« On ne peut l'emmener. Il est à son école ;

« Il faut le laisser libre ou je deviendrai folle. »
Mais le sergent reprit : « Tous les trois en prison
« Dès que nous aurons pu visiter la maison. »

Deux des hommes armés restèrent dans la rue
Pour surveiller le père et sa compagne émue.
Les deux autres, alors, obéissant au chef
Qui les guidait lui-même et parlait d'un ton bref,
Ouvrirent les tiroirs, vidèrent les armoires.
A l'étage, au grenier et dans les caves noires,
Ils bousculèrent tout et prirent seulement
Quelques pommes de terre et très peu de froment
Que le ménage avait gardé dans la cuisine
Pour se mettre à l'abri des risques de famine.
Puis le père et la mère, encadrés de soldats,
Furent conduits ensemble — et ne se parlant pas —
Vers la petite place où se trouvait l'école.
On fit halte à la porte et, l'arme sur l'épaule,
Les soldats surveillaient le couple prisonnier
Pendant que le sergent réclamait l'écolier.
L'affaire s'ébruitait déjà dans le village
Et les gens s'assemblaient, tandis qu'avec courage
Le père, devinant ce que l'on voulait d'eux,
Attendait son enfant, le regard anxieux.

Quand le petit parut avec le militaire,
Il voulut tout d'abord aller près de sa mère ;

Mais on l'en empêcha. Malgré ses cris, ses larmes,
On le mit comme un homme entre deux des gens d'armes
Et le cortège alla, morne et silencieux,
Vers les sombres cachots qu'on réservait pour eux.

On les a séparés sans permettre l'échange
D'un baiser, d'un adieu. C'est cruel, c'est étrange ;
Mais c'est la loi de ceux qui sont, pour le moment,
Nos maîtres, nos tyrans, et qui de l'innocent
Savent faire au besoin, au gré de leur caprice,
Un traître, un criminel, un repris de justice.

**

Jean-Louis demeura deux mois dans son cachot,
Ignorant tout du monde et sans entendre un mot
Qui puisse de son sort alléger la souffrance.
On lui donnait du pain, un peu de soupe rance,
Juste ce qu'il en faut pour le laisser vivant,
L'empêcher de mourir, tout en le déprimant.
Point d'eau pour se laver, pas même un peu pour boire.
A peine s'il pouvait, dans la cellule noire,
En se tenant courbé, faire deux ou trois pas.
Le silence n'était troublé que par les rats.
Il n'avait pour dormir ni couchette, ni paille
Et quand il s'adossait, las, contre la muraille
Humide et salpêtrée, il sentait dans ses os

La moelle se glacer. Quelquefois des sanglots
Lui montaient à la gorge, amenant sur ses lèvres
Les mots incohérents des rêves et des fièvres,
Et se croyant vivant dans un étroit tombeau,
Il appelait à lui la mort ou le bourreau.
On l'entendait aussi murmurer : « Mariette,
« Ferdinand, mon enfant »; puis vers sa maisonnette
Sa pensée en déroute allait pour un moment
Et l'espoir, malgré tout, apaisait son tourment.
Sa Mariette, hélas ! il ignorait tout d'elle.
On ne lui parlait pas. La consigne cruelle
Imposait le silence au farouche gardien
Et même de son fils on ne lui disait rien.

Quand on vint le chercher pour le conseil de guerre,
Le pauvre Jean-Louis ne ressemblait plus guère
A l'homme qu'il était en allant en prison,
Car la captivité mine comme un poison.
Affaibli, déprimé, chancelant, le teint blême
Et les cheveux blanchis, il n'était plus le même.
Courbé comme un vieillard, avec ses yeux tirés
Par la fièvre et la faim, les pas mal assurés,
Il allait, titubant, entre les deux gendarmes
Sans force, sans espoir, sans regard et sans larmes.
On le jugeait assez épuisé, malheureux,
Pour en tirer sans peine, au besoin, des aveux.

Il fallait, pour l'abattre, un semblant de justice,
Intermède insolent avant le sacrifice,
Et devant le conseil on le mena, brisé,
Non comme au tribunal on mène un accusé,
Mais comme à l'abattoir on conduit une bête,
Ainsi qu'un criminel qui va payer sa dette.

**

Le conseil se tenait dans la vaste maison
D'un notaire exilé devant l'invasion.
Quelques meubles cossus et de belles peintures,
Des tableaux sur les murs, aux portes des tentures,
Attestaient qu'on était dans un salon bourgeois
Et non dans un prétoire où la force des lois
Protège l'innocent et punit le coupable.

Un homme était assis dans ce lieu confortable.
Il était souriant, ventru, l'air insolent.
Son grade était quelconque; on voyait seulement
Qu'il se considérait comme dépositaire
D'un pouvoir absolu. C'était un militaire !
Tout en lui proclamait : je suis ici chez moi ;
C'est moi qui suis le juge et moi qui fais la loi.
Il portait un dolman galonné sur l'épaule
Qui devait indiquer son pouvoir et son rôle ;
Mais nous ne connaissons rien pour les désigner,

Si ce n'est qu'ils sont là pour punir et briser.
Près de lui se tenait un pseudo secrétaire,
Un de ces hommes vils et propres à tout faire
Qui savent au besoin nier la vérité
Et sont les ennemis de notre liberté.
Ajoutez à cela un sbire, un interprète
Et de tout le Conseil la liste est bien complète.

Quand Jean-Louis parut devant ce tribunal
Grotesque, omnipotent, insolent et brutal,
Il comprit que son sort était réglé d'avance
Puisqu'il était là seul, sans force et sans défense,
Conscient du danger, sans appui, sans témoin.
Il pouvait protester, on ne l'entendrait point.
On ne voyait pas même un Christ sur la muraille
Permettant d'invoquer Dieu lorsque l'on défaille.

— « Vous êtes accusé, Jean-Louis, de forfaits
« Qui méritent la mort. Racontez-nous les faits. »
Dit le chef arrogant à l'homme misérable.
Celui-ci dut soudain s'appuyer sur la table ;
Le choc était trop fort pour ses nerfs épuisés
Et le sang refluant de ses membres brisés
Amenait dans son cœur un trop plein de souffrance.
On put craindre un instant que quelque défaillance
Mit un terme au procès. Mais Jean-Louis, pourtant,
Se reprit en songeant à sa femme, à l'enfant,

Et, redressant la tête et regardant en face
L'accusateur, il dit avec un air tenace :
« Je n'ai rien à vous dire et si vous m'accusez,
« C'est à vous de parler. Dites, si vous l'osez,
« Ce que vous avez fait pour me perdre et me prendre
« Et si vous m'insultez, je saurai vous le rendre. »
— « Taisez-vous », fit le juge, « on va vous expliquer
« Que vous ne devez pas, sans ordre, répliquer. »
Et, s'adressant alors à son digne compère
Qui l'écoutait béat, dans sa langue étrangère
Il rompit l'entretien qui le déconcertait,
Devinant bien que Jean-Louis qui le bravait
Avait quelque argument probant et sans réplique
Qu'il fallait écarter. Bientôt, diplomatique,
Il dit : « Je sais que vous passez dans ce pays
« Pour un homme rangé, tenant bien son logis,
« Généralement calme, aimant bien sa famille
« Et qui toujours vécut dignement et tranquille.
« Cependant, vous avez envoyé des pigeons
« Porter à l'ennemi des indications,
« Et vous n'ignorez pas que c'est un très grand crime. »
— « N'oubliez pas, Monsieur, que je suis la victime,
« Que l'ennemi, c'est vous, car moi je suis Français.
« Je connais mon devoir et ne mentis jamais
« Et je ne comprends pas ce que vous voulez dire. »

— « Vous niez », dit le juge. « Et ceci ? Veuillez lire. »
Il tirait d'un dossier un carré de papier
Léger et transparent — le papier du panier —.
Jean-Louis regarda, clignant de la paupière,
Et, gardant son sang-froid, il dit au secrétaire :
« Lisez si vous voulez. Moi, je ne comprends pas ;
« Mes yeux sont fatigués, je suis vraiment trop las. »
Le juge fit un signe et lut d'une voix sèche
Et tout en ânonnant la petite dépêche :
« Ils ne sont pas nombreux ; ils ont froid, ils ont faim.
« Nous croyons tous ici que c'est bientôt la fin.
« Nous ne comprenons pas les mouvements de troupes ;
« Nous les voyons souvent passer en petits groupes,
« Mais nous ne connaissons pas leurs intentions.
« Nous sommes malheureux, mais nous patientons.
« On serre sa ceinture et l'on a confiance ;
« Et puis, s'il faut mourir, ce sera pour la France. »
« Vient ensuite l'adresse à l'endroit désigné,
« Un numéro, le vôtre, et c'est enfin signé :
« Jean-Louis, maraîcher, sa femme Mariette
« Et son fils Ferdinand. — La preuve est-elle nette ? »
— Jean-Louis répondit : « Monsieur, j'ai bien compris.
« Le pigeon voyageur, vous ne l'avez pas pris ;
« Il est allé chez vous porter notre message
« Parce qu'il a son nid dans votre voisinage.

« C'est donc pour me tenter que vous l'avez placé

« Tout près de ma maison. Le crime est effacé,

« Car le billet n'allait certes pas vers la France

« Et c'est à vous, Messieurs, que dans mon ignorance

« J'envoyais mes souhaits, mes plaintes et mes vœux...

« Et c'est bien de cela que je suis malheureux. »

— « L'intention suffit, » reprit alors le juge,

« Et j'ai pu m'assurer, grâce à mon subterfuge,

« Que vous étiez au moins capable de trahir,

« Et cela seul, chez nous, vous condamne à mourir. »

— « Monsieur » répliqua Jean, « je jure sur mon âme

« Que j'ai fait cela seul et que ma pauvre femme

« Et mon fils Ferdinand ne m'ont en rien aidé.

« Vous devez les absoudre et, si c'est décidé,

« Si la loi du plus fort exclut toute morale,

« Je suis prêt à subir la peine capitale. »

— « J'ai le droit », dit le chef, « d'adoucir sa rigueur

« Et je pourrais le faire à titre de faveur

« Si vous vouliez m'aider à trouver... des coupables

« En me désignant ceux que vous croyez capables

« D'envoyer, malgré nous, des pigeons aux Français. »

— Jean-Louis se dressa : « Ah ! bandit, je te hais ! »

Cria-t-il, menaçant, les yeux hors de la tête,

« Il ne te suffit pas d'être assez malhonnête

« Pour tenter l'honnête homme avec un faux appas,

« Pour lui laisser penser qu'il agit en soldat ;
« Pour lui promettre, au nom de sa mère, la France,
« S'il remplit son devoir, la noble récompense
« Qui serait de l'honneur pour prix de son effort,
« Afin de lui donner plus sûrement la mort.
« Hélas ! si j'ai nommé mon enfant et ma femme,
« C'est que je le voulais, l'honneur, oui, sur mon âme,
« Pour ceux qui me sont chers. Je le voulais surtout
« Pour eux, car j'ignorais… si j'irais jusqu'au bout.
« Je ne crains pas la mort ; je la souhaite même,
« Mais je voudrais mourir pour sauver ceux que j'aime.
« Et c'est quand je réclame, au nom de la raison,
« La liberté pour eux qu'on me dit : La rançon,
« Ce n'est pas de l'argent, mais c'est de l'infâmie.
« Ma peine est grande, hélas ! elle est même infinie ;
« Mais je voudrais au moins, pour un pareil affront,
« T'abattre, misérable, en te brisant le front. »

— Le juge sur la table avait saisi des armes ;
Les autres appelaient, de loin, d'autres gendarmes,
Tandis que Jean-Louis, brisé par son effort,
Tout de son long tombait rigide comme un mort…..
Quand il revint, enfin, de cette défaillance,
On lui lut le rapport ainsi que la sentence ;
Puis on lui dit : « Signez là. Mettez votre nom »
Jean-Louis répondit simplement : « Non ! Non ! Non ! »

. . . .

Le juge, pour un jour, avait fini sa tâche.
On le choisit cruel, souvent aussi très lâche,
Et comme son labeur exigeait du repos,
Ce fut huit jours après que, tout frais et dispos,
Cet homme omnipotent reprit son ministère
Pour entendre à son tour et pour juger la mère.

Mariette était propre ; elle avait moins souffert ;
Elle avait l'âme haute et le cœur très ouvert.
Comme elle ignorait tout, elle ne pouvait croire,
Après deux mois d'attente en sa prison moins noire
Et plus clémente aussi, qu'on l'en faisait sortir
Pour un autre tourment ou même pour mourir.
— « Votre mari, Madame, a reconnu son crime ;
« Vous êtes sa complice et même sa victime,
« Car il a dénoncé sa femme et son enfant :
« Mariette, c'est vous ; l'enfant, c'est Ferdinand. »
— « Quel crime a-t-il commis ? » fit l'épouse incrédule.
« Oh ! non, je ne crois pas ce conte ridicule ;
« Jean-Louis est brave homme et c'est un bon mari,
« Je ne vous comprends pas. » Mais le juge reprit :
— « Ecoutez, on va lire une pièce probante ;
« C'est le procès-verbal, une preuve éclatante,
« Et l'on vous montrera, écrits par votre Jean,
« Son nom, le vôtre, ainsi que celui de l'enfant. »

— Et l'interprète lut d'un ton très monotone
L'histoire des pigeons — à la mode teutonne —
C'est-à-dire un récit où le faux et le vrai,
Intimement mêlés, doivent — qui le croirait ? —
Faire tout simplement triompher l'imposture,
Mais dont tout le mérite est dans la signature.
— « Et vous dites, Monsieur, que Jean signa cela ? »
— « Oui, Madame, c'est vrai. La preuve, la voilà. »
Dit le juge en montrant la petite dépêche.

Mais la femme était fine et reprit, la voix sèche :
« Le billet est de lui ; mais le procès-verbal,
« Il ne l'a pas signé. C'est un piège infernal. »
Se voyant démasqué, l'homme se crut habile
En ne prolongeant pas sa tactique inutile
Et, frappant un grand coup pour être le plus fort :
« Nous avons condamné ce Jean-Louis à mort. »
Dit-il très froidement. « Vous êtes sa complice
« Et vous devez subir comme lui le supplice.
« C'est une loi formelle ; elle est, en vérité,
« Très dure ; mais je puis, près de sa Majesté,
« Solliciter pour vous le recours de sa grâce...
« Si vous voulez m'aider à retrouver la trace
« Des gens de ce pays qui lâchent des pigeons
« Et racheter ainsi vos propres trahisons. »

Mariette était blême. Elle leva la tête
Et dit tout simplement : « Prenez-moi, je suis prête. »
Trompé par tant de calme et croyant au succès,
Le juge insinuant reprit : « Vous consentez.
« C'est bien. Nous userons de quelque stratagème :
« Ce que vous me direz, je l'écrirai moi-même.
« Personne ne pourra vous accuser ici
« Et vous n'aurez ainsi ni crainte, ni souci. »
— Mariette, plus pâle encor s'il est possible,
Les mains jointes, parlant au Grand Juge invisible,
S'écria : « O mon Dieu ! que vous ai-je donc fait
« Pour me laisser ainsi soupçonner d'un forfait
« Dont la tentation n'effleura pas mon âme ?
« J'accepte de mourir et ce soldat infâme
« Ose me demander, le lâche, de trahir.
« O Jean ! mon Jean, viens donc m'aider à le punir. »
— « Votre mari, Madame, a dû subir sa peine, »
Dit le juge. « Il est mort depuis l'autre semaine
« Et je ne comprends pas cet appel au secours.
« Je vous ai simplement proposé le recours
« En grâce à l'Empereur pour vous sauver, Madame. »
— La femme l'arrêta, laissant vibrer son âme :.
« Je ne veux pas de grâce et surtout de la vôtre,
« Celle d'un souverain qui dans le sang se vautre.
« Si vous avez pris Jean, mon soutien, mon appui,

« Eh ! bien, je veux le suivre et mourir comme lui.
« Les soldats d'autrefois luttaient, faisaient des sièges.
« Vous, c'est aux innocents que vous tendez des pièges.
« Vous dédaignez le sabre ; il vous faut des couteaux
« Et vous tuez les gens comme on saigne les veaux.
« C'est contre les civils que vous faites campagne ;
« Vous prenez les enfants pour les mener au bagne
« Et vous emprisonnez les femmes et les vieux.
« Vous ne respectez pas même les malheureux
« Qui n'ont plus de foyer et qui vont, lamentables,
« Chercher dans les greniers, les granges, les étables,
« Pour reposer leur corps, quelques bottes de foin
« Et, pour les tourmenter, vous les chassez plus loin.
« Vous brûlez les maisons, vous abattez les arbres,
« Et même au cimetière où les croix et les marbres,
« Les couronnes, les ifs et les gerbes de fleurs
« Ne rappellent que des misères et des pleurs
« Vous ne nous laissez rien de ce qui nous console,
« Pas un rameau de buis, pas une ombre de saule,
« Pas même le grand Christ qui, dominant ce lieu,
« Nous permettrait au moins d'invoquer le Bon Dieu. »

— Le juge laissait dire ; il était mal à l'aise
En entendant parler cette bonne Française ;
Mais sans doute il songeait : « Quand elle aura fini,
« Je lui démontrerai que je n'ai pas puni

« Assez sévèrement, puisque même la crainte
« Ne suffit pas encor pour étouffer sa plainte. »

— Mariette était brave et ne craignait plus rien.
Alors elle redit, pour qu'on l'entende bien :
« Je ne veux pas de grâce et pour toute vengeance,
« Je veux jusqu'à la mort crier : Vive la France! »
Ce fut un cri du cœur, si sincère et si franc,
Que cette fois le juge en blêmit sur le champ.
Mariette n'avait pas lu « La robe rouge »;
A ses yeux ne brillait ni coutelas, ni gouge,
Et ce qu'elle voulait, ce n'était pas du sang.
— L'assassin en réclame et non pas l'innocent —
En poussant son vivat, son clair « Vive la France »
Qui mêlait sa douleur avec son espérance,
Elle avait su, du moins, noblement se venger,
Car un coup de poignard au sein de l'étranger
N'aurait pas sur son front, ni surtout dans son âme,
Imprimé plus de honte. En entendant la femme
Acclamer son pays, le juge frissonna ;
Désespérant de vaincre, en hâte il ordonna
De lire le procès-verbal et la sentence
Qu'on avait, ce jour-là, préparée à l'avance...
Et l'on reconduisit Mariette en prison.

Elle risque d'y perdre, en pleurant, la raison,
Car d'y rester dix ans, hélas! on la menace.

Mais si l'on n'use pas bientôt du droit de grâce,
Nous devons tous jurer de l'aller délivrer
Et surtout d'honorer la veuve à son foyer.

*

L'enfant fut à son tour jugé comme complice
Et par le même juge et la même justice ;
Mais ils n'ont pas osé le tenir enfermé,
Ni le faire escorter par un soldat armé.
On adoucit pour lui la grave procédure,
Non pas pour nous donner des preuves de culture,
Encor moins d'indulgence ou bien d'humanité ;
Mais n'eût-il pas été grotesque, en vérité,
De faire un criminel de ce petit bonhomme ?

On le questionna, cependant, comme un homme :
— « Dites-nous, Ferdinand, ce que vous avez fait
« A propos des pigeons ; dites-le, s'il vous plaît,
« Sans rien dissimuler, comme on fait à confesse. »
Fit le juge courtois, pour tenter sa jeunesse.
— « Monsieur, vous avez tort d'accuser papa Jean »
Déclara sans trembler le bon petit enfant,
« S'il était là, Monsieur, aussi vrai que je l'aime,
« Il vous dirait aussi que j'ai tout fait moi-même.
« J'ai trouvé le panier en passant dans les champs ;
« Je l'ai déficelé, j'ai regardé dedans.

« Les pigeons sont partis ; ils sont allés en France
« Et nous avons tous eu beaucoup de confiance. »

Le juge, très surpris, écoutait ce garçon
Qui, malgré ses dix ans, lui faisait la leçon.
— L'enfance a quelquefois ce rare privilège. —
Mais Ferdinand n'avait pas soupçonné le piège.
Il savait seulement qu'on avait enfermé,
A cause du panier, son père bien aimé,
Et s'il mentait un peu pour raconter l'histoire,
Ce n'était nullement pour la faire moins noire,
Mais parce que son cœur et son tempérament
Le poussaient à défendre — oh ! très naïvement —
Ce père qu'il voyait en prison comme en songe
Et qu'il croyait sauver par un pieux mensonge.
— Il ignorait encor son atroce trépas. —
Quant à sa bonne mère, il ne la nommait pas,
Car en son petit cœur candide et rempli d'elle,
Il ne concevait pas qu'elle fut... criminelle.

Mais le juge reprit : « Et qu'avez-vous écrit ? »
Le petit demeura un instant interdit,
Puis répondit soudain : « Je ne dois pas le dire ;
« Mais j'avais tout ce qu'il me fallait pour écrire
« Et j'ai fait de mon mieux. » — « Il faut le raconter »
Fit l'autre. — « Non, Monsieur, je ne puis rapporter.

« Le Maître le défend ; le Curé le reproche,
« Et celui qui rapporte, on le traite de « Boche ! »

Le dernier mot porta comme un coup de canon.
Le petit l'avait dit comme tout autre nom,
Très naturellement, sans gêne et sans malice.
Le juge, maintenant, était comme au supplice.
Il eut évidemment quelque tentation
De demander au moins une explication.
Il s'abstint, cependant. Ce n'était pas la peine
De faire préciser ce que c'est que la haine,
Et le mot de l'enfant était si naturel
Qu'on pouvait supposer qu'il n'était pas cruel.
On rangea les papiers, on leva la séance,
Sans cérémonial et, surtout, sans sentence.

Le bon petit Français, avec son dévouement,
Son cœur, ses accents vrais, n'avait sur l'Allemand
Produit aucun effet, car rien ne les désarme
De ce qui peut, chez nous, faire éclore une larme.
On les a façonnés pour être sans merci,
Sans scrupule, sans honte et sans honneur aussi.
Mais parfois un bon mot — le ridicule tue —
Peut mettre sur le flanc cette race têtue
Plus sûrement encor que la force du Droit.
Et le jeune garçon qui sur le bout du doigt

Connaissait à dix ans ce que la conscience
Nous ordonne de faire en pareille occurrence
Et savait mieux encor ce qu'elle nous défend
Triompha cette fois de l'homme omnipotent.
Il sut, par son bon mot, — un mot d'enfant terrible —
Abattant la fierté de son juge irascible,
A défaut de tout ce qu'il avait souhaité,
Gagner avec honneur sa propre liberté.

24 Décembre 1917.

LA LIBÉRATION

J'avais promis d'écrire un récit du voyage ;
Mais j'ai tardé longtemps, n'ayant pas le courage
D'aborder ce sujet sinistre et douloureux
Tandis que renaissait le pays glorieux
Où nous avons subi de si rudes épreuves.

En le revoyant libre, avec ses maisons neuves,
Ses arbres verdoyants, ses vergers cultivés,
Ses usines à feu, ses chantiers ranimés,
J'ai songé que bientôt on oublierait peut-être
Ce que l'envahisseur, quand il était le maître,
Avait fait pour détruire et pour nous amener,
Par la force brutale, à lui abandonner
Nos biens et ce qui fait la Patrie immortelle,
Le sol sacré, pour vivre, hélas! sous sa tutelle.

C'est pourquoi je reprends le livre interrompu
Pour ajouter un acte au drame hier vécu,
— A l'heure où des déments nous proposent d'absoudre
Les crimes des bandits, les méfaits de leur poudre —
Pour que mon témoignage aide la Vérité
A triompher enfin de tant de lâcheté.

**

Depuis plus d'une année, anxieux, le cœur triste,
Nous attendions en vain l'énigmatique liste
Qui devait désigner, tels des favorisés,
Ceux d'entre nous choisis pour être... « évacués ».
On ne pouvait donner de prétextes futiles,
Car le train n'emportait que des gens inutiles :
Malades, infirmes, des femmes, des enfants
Et des vieillards âgés de plus de soixante ans.
Le choix pouvait, pourtant, à défaut de justice,
Dépéndre de la ruse et, surtout, du caprice
Du tyran qui, chez nous, régnait par la terreur
Et, simple lieutenant, se faisait dictateur.

Deux emprisonnements pour désobéissance
Devaient bien s'opposer à mon voyage en France ;
Mais ma maison tentait Messieurs les officiers
Avec son beau jardin, les arbres, les rosiers,
Et l'espoir d'y trouver quelques caves secrètes
Malgré les insuccès des fouilles déjà faites...
Et ce sont ces raisons, plus que d'autres motifs,
Qui firent négliger mes propos plus que vifs,
Mes protestations et mes menaces même,
Si bien que, certain soir, j'ai pu, faveur suprême,
Voir mon nom sur l'affiche où l'on désignait ceux
Qui pourraient, par le train, s'éloigner de chez eux.

Hélas ! on me choisit, entre temps, comme otage,
Pour aller en Russie expier un outrage
Que d'autres, loin d'ici, devaient avoir commis.
Mais, par un subterfuge, il me resta permis,
Au moment opportun, de me joindre au cortège.

Le pays, à l'époque, était couvert de neige
Et c'est pendant la nuit que le rassemblement
Eut lieu sur la grand'place, en plein air, en plein vent.
Il fallut, pour partir le matin à quatre heures,
Quitter encor plus tôt nos amis, nos demeures,
Et marcher à tâtons en pleine obscurité.

Ainsi que des proscrits, nous pouvions emporter
Chacun un simple sac contenant pêle-mêle
Des chaussures, du linge, entassés avec zèle
Avec des vêtements, sans dépasser le poids
— Trente kilos au plus — auquel on avait droit.

Oh ! ces sacs, il faudrait raconter leur histoire.
Elle ne sortira pas de notre mémoire,
Car nous les avons faits, défaits, portés, traînés,
Et maintes fois refaits, emmenés, ramenés,
Au gré de leur caprice et pour de vains contrôles
Qui fatiguaient nos reins, nos bras et nos épaules
Et rendaient plus amer, au moment de partir,
L'esclavage odieux que nous devions subir.

A sept heures, enfin, encadrés de gendarmes,
Après de longs adieux entremêlés de larmes,
Nous étions entassés dans quatre chariots
Que traînaient lentement de très maigres chevaux.
Ecroulés sur nos sacs et fouettés par la bise,
Les yeux rougis, mi-clos, devant l'aurore grise,
Nous passions en silence au seuil de nos maisons,
Songeant tristement que nous ne les reverrions
Probablement jamais. De sinistres présages
Depuis longtemps déjà nous montraient nos villages
S'écroulant à leur tour sous le feu meurtrier ;
Et ce départ lugubre, au début de Janvier,
Sous la neige et le vent, était si lamentable
Que l'homme le plus fort se sentait incapable
De dire une parole et de réconforter
Ceux qui partaient et ceux qu'il nous fallait quitter.

On m'avait fait monter sur une étroite planche,
A côté du soldat qui, sur la route blanche,
Menait notre équipage au pas, toujours au pas,
Vers un but que, sans doute, il ne connaissait pas.
Cet étrange cocher, ses vêtements sordides,
Ses gants troués, ses mains qui retenaient des guides
En lisières de drap, — le cuir faisant défaut —
Attestaient la misère et je songeais, là-haut,

Sur le siège branlant, que la fière Allemagne
Ne pourrait plus longtemps poursuivre la campagne
Que le stupide orgueil de son maître pervers
Menait contre la France et contre l'Univers.

Après deux heures de marche, on nous fit descendre
En plein air, dans un champ. Il nous fallut comprendre
Que nous retrouverions nos bagages plus tard.
On ne nous dit pas quand. A coup sûr, autre part.
Une heure s'écoula, puis une autre aussi lente
Et nous restions debout dans la neige. L'attente
Etait dure pour tous ; les enfants et les vieux,
Les malades, surtout, geignaient à qui mieux mieux.
Pour combattre le froid, on battait la semelle
Sous l'œil inquisiteur de quelque sentinelle.

Tout nous était égal. On songeait simplement
Qu'on allait vers la France et pour ce dénouement
Tous les nerfs se tendaient. Oui, les larmes taries,
On bravait l'Allemand.... et les intempéries.

Enfin l'ordre arriva de nous mener... ailleurs
Et nous entrevoyions déjà des jours meilleurs ;
Mais on nous enferma dans la cour d'une usine,
A cent pas d'une gare elle-même voisine
D'un village important. Alors on nous montra
Nos bagages en tas et l'on nous démontra

Qu'un nouvel examen devenait nécessaire.
Chacun cherchant son sac, puis le traînant à terre
Jusqu'à l'emplacement qui lui fut désigné
Attendit l'inspecteur, placide et résigné.

Cette visite était purement vexatoire.
Les Allemands savaient — la chose était notoire —
Tous les colis intacts et fermés devant eux
Après un examen des plus minutieux.

Dans la cour encombrée où l'on s'aidait l'un l'autre,
Des groupes d'émigrants avaient rejoint le nôtre.
Il fallut déballer, étaler, déplier,
Pour que les contrôleurs n'eussent plus qu'à fouiller.
Ils étaient en civil. Pour cette tâche énorme,
Ils avaient dépouillé le casque et l'uniforme.
C'étaient des officiers et nous les devinions
Qui jouaient parmi nous leur rôle d'espions.
Tantôt ils plastronnaient, la menace à la bouche,
Arrogants et narquois ; tantôt, l'allure louche,
Insinuants, polis, ils venaient dans nos rangs
Mêler à nos douleurs leurs propos écœurants.

Quand enfin s'acheva l'énervante corvée,
On crut que du départ l'heure était arrivée.
Mais le sadisme de ces lâches Allemands
Nous réservait, hélas ! de plus amers tourments.

On nous fit entrer tous, en file, dans l'usine,
Avec tous les paquets que nous tenions en mains :
Des aliments, du lait, des conserves, des pains.
Il fallut tout monter jusqu'au troisième étage.
Les infirmes, les vieux, les enfants en bas âge,
De cette ascension ne furent dispensés,
Et l'on se retrouva de plus en plus pressés
Dans un grand hall tout nu, dépourvu de tout siège.
Après le long séjour au dehors, dans la neige,
L'abri, quoique rustique, était réconfortant.
Même on l'avait chauffé pour qu'il soit suffocant.
Dans quel but imposer une chaleur pareille ?
Nous le devinerons tout à l'heure à merveille.

On nous fit tout d'abord un assez long discours
Pour nous persuader que nos sacs étaient lourds
Et qu'en les acceptant, par pure bienveillance,
L'Allemagne faisait... une aumône à la France.
Puis on nous déclara qu'on savait que de l'or
Devait être fraudé. Donc, il fallait encor
Que nous le déclarions pour que notre voyage
Ne fut pas ajourné. Ce maladroit chantage
N'eut aucun résultat. Personne ne dit mot.
L'orateur allemand nous apprit aussitôt
Qu'on allait procéder à la visite intime ;
Que la fraude serait assimilée au crime,

Que pour retrouver l'or on allait tout fouiller
Et que nous devrions tous... nous deshabiller.
Une femme rougit ; une autre devint blême.
Ce fut l'aveu ; mais il fallut qu'une troisième
Plus explicitement s'accusât d'emporter
Cent cinquante louis qu'elle offrit de compter
Pour que le discoureur suspendit sa harangue.

Il conduisit alors les femmes que leur langue
Venait de condamner dans un autre local
Où se fit la curée. Il revint dans le hall
Pour nous faire connaître en détail la sentence :
Les coupables n'iraient pas rejoindre la France ;
On les emprisonnait, on confisquait leur or,
Et l'amende, sans doute, aggraverait encor
La situation des pauvres malheureuses
Que l'on qualifiait de vulgaires fraudeuses.

Escomptant lâchement l'effet de son discours,
L'Allemand, cependant, ajouta sans détours
Que de nouveaux aveux étaient encor possibles
Et qu'ils atténueraient les châtiments terribles
Si tout l'or, sur le champ, était enfin versé.

Ce chantage odieux nous parût dépasser
Les bornes du cynisme. Et, pourtant, la monnaie,
Sans doute, de bon cœur, nous l'aurions tous donnée

—Si nous en avions eu — pour alléger le sort
Des recluses, puisqu'il semblait possible encor
D'acheter leur pardon. C'étaient trois pauvres mères
Dont les époux, les fils, étaient des militaires.
Pour elles, leur destin demeurait incertain
Et c'est pour les revoir qu'elles prenaient ce train.
Le Français a pitié des misères des autres,
Et l'Allemand qui, lui, n'a pas souci des nôtres,
Comptait bien obtenir un appoint généreux.
Il ne récolta rien... que des pleurs de nos yeux.

De l'absence de l'or, c'était pour nous la preuve.
Il ne l'admettait pas. Désignant une veuve
En grand deuil, une vieille avec des cheveux blancs,
Une mère au milieu de dix jeunes enfants,
Et trois autres encore, au gré de son caprice,
Il les mena dehors... pour un autre supplice.

Quand on les ramena vingt minutes après,
Ce fut une détente. On voyait sur leurs traits
La trace d'un honte, un reste de stupeur.
Elles n'osaient parler. Ce n'était pas la peur ;
Mais comment avouer que les goujats infâmes,
Sans pudeur, sans égards, sans respect pour les femmes,
Leur avaient imposé de se deshabiller,
Sous le prétexte vain de pouvoir mieux fouiller,

— Narguant la nudité de leurs pauvres victimes —
Les chapeaux et les bas, les vêtements intimes ?

Nous devions tous subir, paraît-il, tour à tour,
La même inspection ; mais la chute du jour
Et des bourreaux, sans doute, aussi la lassitude
Après de tels exploits, un contrôle aussi rude,
Eurent pour résultat d'abréger l'examen.
Ils fouillèrent à fond nos bagages à main ;
Puis il fallut aussi vider toutes les poches,
Ouvrir les montres, les bracelets et les broches,
Supprimer les stylos, les crayons, le papier,
Les cigarettes même et, j'allais l'oublier,
Tous les menus objets qui, dans une doublure,
Auraient pu recéler... un seul mot d'écriture.

Mais si je détaillais tout ce que ces soldats
Confisquèrent ainsi, l'on ne me croirait pas.
Ils m'obligèrent même à dévisser... des pipes,
Sans deviner, pourtant, que, cachés dans mes nippes,
J'emportais bravement des messages secrets
Et que, dans une canne, étaient tous mes sonnets
Et des comptes transcrits sur du papier pelure.
Cette cachette était de toutes la plus sûre.
Je pouvais, au besoin, lâcher le cher bâton ;
Mais je l'ai bien gardé, bravant l'œil du Teuton,

Et c'est beaucoup plus tard, à loisir, en Limagne,
Que j'ai sorti du jonc les vers que l'Allemagne
Eût jugés criminels, les chiffres et reports
Qui résumaient pour moi le fruit de tant d'efforts
Et pouvaient me permettre, en regagnant la France,
D'y reprendre mon rôle avec mon espérance.

Après le dur contrôle, on s'occupa des trains.
On les devinait bien, mais ils étaient lointains.
Pour les atteindre, on dût marcher entre les voies,
Portant les sacs, en file, ainsi que vont les oies.
La nuit était venue, on marchait à tâtons,
Dans la neige toujours, parfois à reculons
Pour avoir plus de force en traînant les bagages.
C'était une mêlée où les heurts, les virages,
Les chutes, les faux pas, n'étaient pas sans danger.
Les guides allemands pouvaient se diriger
Grâce à l'éclair subit de leurs lampes de poche ;
Mais ces rayons subtils, dardés de proche en proche,
Ne faisaient qu'aggraver pour nous l'obscurité,
Car le contraste fait naître l'anxiété.

Enfin, on vit les trains. Il y en avait trois,
Alignés sur les rails, obscurs, lugubres, froids,
Deux pour les voyageurs, un pour les marchandises.
Les deux premiers étaient l'objet des convoitises,

Et les plus diligents, vite, en firent l'assaut.
Mais les Teutons veillaient. Il fallut aussitôt
Descendre et, dans la nuit, recommencer l'attente
Qui devait épuiser la foule impatiente.

En trois groupes distincts, il fallut se classer.
Aux deux premiers il fut permis de s'entasser
Dans les wagons normaux. Le troisième — le nôtre —
Restait là, dans la neige. On nous réservait l'autre,
Uniquement formé de fourgons à bestiaux,
Sans sièges, empestés, noirs comme des tombeaux.
C'était, nous a-t-on dit, un train de représaille.

— Qu'importe le wagon, pouvu que l'on s'en aille! —
Chacun s'empressa donc d'envahir ces fourgons,
D'y installer ses sacs et ses provisions.
Bientôt le train fut comble et nous restions là, quatre,
En arrière, à cent pas, tout en entendant battre
Les portes qu'on fermait en hâte avec fracas,
Sans souci de nos cris que l'on n'entendait pas.
Nous étions en retard, car nous avions dû faire
Une seconde fois, pour une octogénaire,
Le trajet fatigant, lui porter ses colis,
L'aider à se traîner pour qu'il lui fût permis
D'atteindre encore à temps la place où, sans comprendre,
Son vieux corps épuisé pourrait enfin s'étendre.

Nous nous désespérions de trouver tout fermé,
Quand un jeune officier, après s'être informé,
Fit ouvrir un fourgon qu'il réservait sans doute
A des soldats chargés de surveiller la route.
La pauvre vieille dame y fut hissée ainsi
Qu'un vulgaire colis et j'ai, par un « merci »,
Pour la première fois fait une politesse
A l'ennemi Teuton, qui — soit dit sans bassesse —
Avait fort à propos permis notre départ.
Grâce à son geste bref, malgré notre retard,
Nous avions donc, enfin, pu trouver un asile ;
Et pour avoir été de tous le moins agile,
Le plus chargé peut-être, en tout cas le dernier,
Notre groupe obtenait... un fourgon tout entier.

Enfermés, verrouillés dans l'étrange voiture,
Comme en la profondeur d'une prison obscure,
Nous cherchions à tâtons nos sacs et nos colis
Pour en faire au plus tôt des sièges et des lits.
Silencieux, prostrés, malgré notre misère,
Nous escomptions déjà le repos éphémère
Que nous pourrions goûter, loin des yeux, loin du bruit,
Dans cette obscurité profonde de la nuit,
Si propice au sommeil qui calme et qui délasse.
Mais comment, dans le noir, trouver chacun sa place
Sans se gêner l'un l'autre et comment s'allonger,
S'étendre pour dormir, ou s'asseoir pour manger ?

Cette première étape avait duré quinze heures.
Quinze heures depuis que, partis de nos demeures,
Nous allions vers la France... en lui tournant le dos ;
Et d'épreuve en épreuve, au gré de nos bourreaux,
Nous n'avions guère fait plus de huit kilomètres
Et nous étions murés, sans air et sans fenêtres.
Mais enfin la prison roulante s'ébranla
Dans un sens, puis dans l'autre et, sans voir, on roula,
Tantôt très lentement, tantôt à vive allure,
Sans savoir si la route était mauvaise ou sûre,
Car dans l'air se mêlait à la voix du canon
Le bruit que sur le rail faisait notre fourgon.

Le voyage dura pendant plus de seize heures.
Tous les arrêts étaient pour nous comme des leurres.
On se croyait au but et puis l'on repartait
Sans pouvoir deviner jamais où l'on était.

Je renonce à décrire ce que nous endurâmes :
L'obscurité, le froid, l'angoisse dans nos âmes,
La soif, la faim, l'attente et la malpropreté
Doublant notre misère et notre anxiété.
Quand s'éteignit le bruit des lointaines batailles,
Nous savions ce qu'était un train de représailles.

Quand, après maints arrêts, l'on tira les verrous,
Nous étions tous les quatre accroupis à genoux,

Doutant que ce fut pour mettre un terme au supplice.
Mais la lumière entra comme un feu d'artifice ;
Le soleil de janvier voulut nous éblouir
Et les nuages gris ne purent le ternir
Quand du fourgon lugubre on fit rouler la porte.
On eut beau nous crier : « que personne ne sorte »,
Ce fut une ruée et tous les prisonniers
Sautèrent sur le quai, ranimés, fiers, altiers,
Contents de voir le jour, de respirer à l'aise
Et de se regarder en face, à la française.
Mais l'ordre était formel, il fallut obéir,
Remonter en fourgon, attendre et retenir
Les exclamations, calmer l'impatience...
Et l'angoisse revint à cause du silence.

Nous nous trouvions alors en gare d'Orp-le-Grand ;
Mais ce nom n'étant pas de ceux que l'on apprend,
Personne ne savait deviner la contrée
Où pouvait se trouver la bourgade ignorée.
— On nous interdisait même d'interroger. —
A la dure consigne, on sut bien déroger
Quand vinrent sur le quai des dames complaisantes
Pour distribuer des boissons réconfortantes,
Du café, du lait chaud, car leur empressement
Prouvait qu'on n'était pas en pays allemand.
Elles nous dirent que nous étions... en Belgique

Et cela, sur le champ, nous parut magnifique.
Les nerfs se détendaient, on riait, on pleurait
Et c'est en bon français que l'on fraternisait.
Deux Teutons seulement étaient en uniforme
Et faisaient les cent pas, lentement, pour la forme,
Tandis que des civils échangeaient des propos
Pour nous cataloguer. Plus loin, des chariots,
Sur la place attendaient les proscrits, les bagages.

On nous a répartis entre plusieurs villages.
L'ennemi contrôlait toujours et de son mieux,
Mais les Belges, pour nous, étaient si généreux,
Si bienveillants, si francs, qu'on goûtait le bien-être
Et que, se croyant libre, on se sentait renaître.
On avait tant d'amis, tant de mains à serrer,
Que les yeux consolés ne savaient plus pleurer.

Le sort nous conduisit au hameau de Marilles
Où nous fûmes logés au mieux dans les familles.
Plus de formalités, surtout plus d'Allemands.
Nourriture à souhait, du beurre, des pains blancs,
De la viande parfois, même du vin de France,
Du feu, de la lumière et tant de bienveillance.

Or, après dix-sept jours d'attente, on nous fit part
D'un ordre qui venait annoncer le départ.
Il fallut, le jour même, à la ville voisine

Aller se faire inscrire et, corvée anodine,
Payer et puis remplir maintes formalités :
Déclarer, déposer les bijoux emportés
Et subir à nouveau d'énervantes visites.
Mais notre bon vouloir n'avait plus de limites ;
Nous savions que l'épreuve était près de sa fin
Puisqu'on devait partir, enfin, le lendemain.

Par un raffinement de cruauté savante,
On nous fit revenir pendant la nuit suivante.
Le train démarrerait à minuit, disait-on.
Pourquoi ? Nul ne le sut. Caprice du Teuton
Qui voulait jusqu'au bout lasser la patience
D'exilés trop heureux de regagner la France.
Mais il fallut subir des contrôles nouveaux :
Visite des colis, tri des bons communaux.
Il fallut les compter, les déclarer, les clore
Sous des plis cachetés. On vit poindre l'aurore ;
Le jour vint à son tour. Ce n'est que le matin
Qu'il fut enfin permis de monter dans le train
Qui demeura pendant deux heures immobile,
Attendant le signal dans la gare tranquille.

Je renonce à décrire un voyage banal
Qui nous parut bien long, sans livre, sans journal,
A travers un pays qui n'intéressait guère
Des proscrits qui venaient... du pays de la guerre.

Nous étions fatigués et c'est en somnolant
Que nous laissions passer d'un œil indifférent
Les villes, les hameaux, les bourgs et les villages,
Sans souci de leurs noms. Gares ou paysages,
Fleuves, plaines, forêts, je ne me souviens plus
Et tout dans ma mémoire est demeuré confus.
Pourtant, je vois encor quelque part, en Alsace,
Des hommes saluer notre long train qui passe,
Et comme rien alors n'autorisait l'espoir,
Leur geste fut pour nous une aube dans le noir.

On roula tout le jour, toute la nuit suivante,
Puis la seconde aurore amena la détente.
La frontière était proche ; il fallut s'arrêter
Pour subir un dernier contrôle et présenter
Les plis scellés, les sacs, jusqu'au moindre bagage,
Tout comme on l'avait fait au début du voyage.
Je dois dire, pourtant, qu'à la sévérité
Se mêlait cette fois un peu d'aménité.
L'Allemand supposait que de l'hypocrisie,
Pour l'étape dernière, au seuil de l'Helvétie,
Lui vaudrait indulgence et pardon des proscrits.
Il tenait là comptoir et nous fûmes surpris
De trouver des crayons et des cartes postales
Et l'invitation, par affiches banales,
D'aviser nos parents de France et nos amis

Que, grâce à l'Allemagne, il nous était permis
De les rejoindre enfin. Pourtant, — puis-je le dire ? —
On nous recommandait d'avoir bien soin d'écrire,
Pour flatter quelque peu l'amour-propre allemand,
Que notre long voyage avait été... charmant.
— Leur censure, en effet, détruisait les missives
Qui n'étaient, sur ce point, pas assez expressives. —
Moi, je n'ai rien écrit, résistant jusqu'au bout.
Leur fausseté n'a fait qu'accroître mon dégoût,
Et ma haine pour eux s'aviva davantage
Quand je les entendis nous crier : « Bon voyage ».

C'est fini ! Voici Bâle et le Rhin libre et beau.
La gare est pavoisée et c'est notre drapeau
Qui flotte radieux, resplendit et décore
Tout ce qui nous entoure. Et tout ce tricolore
Qui nous emplit les yeux pour la première fois
Depuis l'invasion — plus de quarante mois —
Nous enchante et, surtout, après tant de misères,
Nous émeut à ce point que toutes les paupières
Se mouillent de vrais pleurs et que toutes les voix
S'unissent pour crier dix fois, vingt fois, cent fois :
Vive la France ! On crie aussi : Vive la Suisse !
Et pour qu'à ces vivats le geste aussi s'unisse,
On tend les bras, on serre avidement des mains ;
Et la Fraternité dont nous sommes témoins

Semble au front des proscrits poser une auréole
Couronnant à la fois l'Helvétie et la Gaule.

On nous réconforta de toutes les façons :
Harmonie et repas, cantates et chansons ;
En chœur on entonna la belle « Marseillaise »
Et la fatigue, seule, obtint que l'on se taise.

Il ne nous reste plus qu'une étape à franchir,
Mais dans un pays libre où nous pouvons agir
Et parler à notre aise. Il n'y a plus d'entraves,
Plus de bourreaux, plus de contrôleurs, plus d'esclaves.

Dans un train confortable, on s'entasse, joyeux,
Sans oublier, pourtant, la misère de ceux
Qu'on a laissés là-bas, sous le joug détestable
Des Teutons insolents dont le maître implacable
Ne se lassera point d'exciter le courroux.
On songe aussi, sans doute, — et le songe est plus doux —
A ceux qu'on va revoir, à la douce Patrie
Que l'on sait retrouver héroïque et meurtrie.

Au silence angoissant des heures de l'exil
Succède étourdissant le réveil du babil
Des femmes, des enfants. Les chants patriotiques
Les refrains de soldats, les joyeuses répliques,
Attestent que l'espoir règne dans tous les cœurs.

Et je revois encor, parmi les voyageurs,
Une femme du peuple, en cheveux, toute en larmes,
Qui, sincère, chantait — cette fois sans alarmes —
« Ils ne passeront pas » sans omettre un couplet,
Et la mâle chanson, apprise en grand secret
Par cette patriote, apparaissait si belle
Que, sans dissimuler, nous pleurions avec elle.

Un arrêt ! Une gare, et, debout sur le quai,
Des soldats de chez nous ! Tout le monde se tait.
C'est la Suisse, toujours. On regarde, on s'informe.
Nous ne connaissions pas le nouvel uniforme.
Un jeune officier bleu, couleur de l'horizon,
S'avance et nous apprend, de charmante façon,
Qu'il est des nôtres et prisonnier sur parole
Après une blessure assez grave à l'épaule.
On l'acclame, on l'appelle et parmi les wagons
Il vient serrer les mains que tous nous lui tendons.
On voudrait l'embrasser pour embrasser la France
Et fêter avec lui ce jour de délivrance.
Le train siffle et l'on quitte à regret ce soldat
En songeant à tous ceux qui sont... où l'on se bat.

Le temps est très brumeux et l'on devine à peine
Les grands monts de la Suisse et le lac dont l'haleine
Estompe le rivage et cache à nos regards
Les beautés de ce fier pays de montagnards.

Nouvel arrêt. Fanfare. Evian ! C'est la France !
Etrange émotion. Personne ne s'élance.
On a la gorge sèche et le cœur oppressé,
Comme si l'on venait au chevet d'un blessé
Avec l'inquiétude et la crainte secrète
D'apprendre que la Mort à le frapper s'apprête.
— On nous a tant redit, pendant quarante mois,
Que nous étions battus, que la France aux abois
Devrait de l'Allemagne accepter la tutelle,
Qu'après n'avoir jamais encore douté d'elle
Nous appréhendons tous un cruel démenti. —

Mais l'alerte fanfare à nouveau retentit.
Ses accents sont si clairs, si franche est sa cadence,
Qu'un autre émoi nous gagne et nous rend confiance.
— On n'accueillerait pas si gaîment les proscrits
Si le doute, à cette heure, était encor permis. —

On nous forme en cortège et dans la grande salle
Du Casino brillant, en hâte, on nous installe.
Un morceau de musique est suivi d'un discours
Vibrant qui nous enflamme. Ah ! j'entendrai toujours
Les acclamations, les cris : Vive la France !
Qui répétés cent fois par toute l'assistance
Eveillaient les échos du vaste bâtiment
Et prenaient dans les cœurs la valeur d'un serment.

Debout, nous avons tous chanté la « Marseillaise »,
Scandant tous les couplets, en chœur, à la française !
Les femmes, les enfants, les jeunes et les vieux,
Avaient, je m'en souviens, des larmes dans les yeux,
Car cette foule ardente acclamant la Patrie
Etait tout à la fois joyeuse et attendrie.

O France ! tes enfants ont montré comme on t'aime
A tous ceux qui disaient — ô monstrueux blasphème —
Que ton peuple était vain, léger, indifférent.
S'ils ont versé pour toi le meilleur de leur sang,
Ils ne l'ont pas donné pour l'amour de la gloire.
S'ils ont lutté quatre ans pour avoir la victoire,
C'était pour libérer ton sol, tes champs meurtris,
Pour te rendre les fils qu'un jour on t'avait pris.
C'est pour ta liberté, pour que ton front rayonne,
Qu'ils sont morts à Verdun, dans la Flandre, en Argonne.
Et c'est pour que le glaive enfoncé dans ton flanc
S'éloigne de ton cœur menacé, mais vibrant,
Qu'ils ont dans la tranchée attendu de pied ferme,
Puis bondi, courageux, afin de mettre un terme
A l'atroce défi d'un ennemi brutal
Qui voulait dans ton sein porter le coup fatal.

Quand on t'accusera, faussement, de vouloir
Plus loin que ta frontière exercer ton pouvoir,

Tu montreras ton front blessé, tes cimetières,
Tes mutilés, ta plaine où des villes entières
Attendent le réveil et tu soulèveras
Tous les voiles des deuils qu'ont faits les scélérats.
Et si les médisants doutent de ta parole,
Tu leur réciteras l'histoire de la Gaule.

TABLE

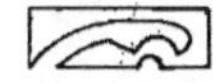

Imprimerie Centrale du Nord
12, Rue Lepelletier, 12
— LILLE —